【中国人格读库】

国家新闻出版广电总局

培育和践行社会主义核心价值观主题出版重点出版物

华侨抗日故事

高占祥 主编

周旭 著

北京时代华文书局

图书在版编目（CIP）数据

华侨抗日故事 / 周旭著 . -- 北京 : 北京时代华文书局 , 2015.8（2022.3 重印）
（中国人格读库 / 高占祥主编）
ISBN 978-7-5699-0463-5

Ⅰ. ①华… Ⅱ. ①周… Ⅲ. ①华侨－抗日救国－史料 Ⅳ. ① K265.06

中国版本图书馆 CIP 数据核字（2015）第 183324 号

华侨抗日故事

Huaqiao Kangri Gushi

主　　编 | 高占祥
著　　者 | 周　旭

出 版 人 | 陈　涛
责任编辑 | 邢　楠
装帧设计 | 程　慧　段文辉
责任印制 | 訾　敬

出版发行 | 北京时代华文书局 http://www.bjsdsj.com.cn
北京市东城区安定门外大街 138 号皇城国际大厦 A 座 8 楼
邮编：100011　电话：010－64267955　64267677
印　　刷 | 三河市嵩川印刷有限公司　0316－3650395
（如发现印装质量问题，请与印刷厂联系调换）
开　　本 | 787mm×1092mm　1/16　印　　张 | 10.5　字　　数 | 100 千字
版　　次 | 2016 年 1 月第 1 版　印　　次 | 2022 年 3 月第 3 次印刷
书　　号 | ISBN 978-7-5699-0463-5
定　　价 | 38.00 元

【总序】

社会主义核心价值观与中国人格

周殿富

社会主义制度在中国已经建立了六十余年，而我们党则在本世纪初叶提出了培育弘扬社会主义核心价值观的重大课题，显然是其来有自。

社会主义的道德风尚在新中国蔚然兴起，曾经那样地风靡于二十世纪中叶。邓小平同志曾经在改革开放中讲过，当年“这种风气不仅是中国历史上从来没有过的，而且受到了世界人民的赞誉”。然而可惜的是，这个在社会主义制度建立与实践中，同步兴起的社会主义道德风尚的成长道路，却是一波四折。半个多世纪以来，它先是与共和国一道遭受了十年“文革”的浩劫；接着便是全党工作重心转移到改革开放进程中，欧风美雨“里出外进”的浸洗濡染；再接着是西方“和平演变”在东欧得手的强烈震荡与冲击；最后又是市场经济中那两只“看不见的手”在搅动着、嬗变着人们的价值取向。至少在国民中出现了价值观上的多层次化，传统美德的弱化，社会道德文明水准的退化，光荣革命传统的淡化，这也许正是中央在本世纪初提出社会主义核心价值观的原因吧。

不管怎么“变”，怎么“化”，当我们回首来时路，却不能不说，中华民族真的很强大，很值得骄傲。人类经历了几千年的文明进程，堪称世界文化之源的“五大文明古国”，其他四大古国文明都已被历史淘汰灭亡，只有中国成了唯一的延续存在。近现代即使那般的积贫积弱，被西方列强豆剖瓜分、弱肉强食，想亡我中华都不可能，就连最强大的美帝国主义，最凶残的日本军国主义都成为我们的手下败将，而且打出了一个新中国，且跨过整整一个历史阶段，直接进入了社会主义。西方敌对势力几十年不遗余力地对新中国百般围剿，“冷战”“热战”“和平演变”手段用尽，连如此强大的前苏联乃至整个苏东阵营都被瓦解了，而社会主义的旗帜仍旧在960万平方公里的土地上高高飘扬，而且昂首挺胸地屹立在世界的东方，中国真的是太强大了。几十年来的瞩目成就，竟然令西方发出了“中国威胁论”。你管他别有用心也好，言过其实也好，总比让别人说我们是“瓷器”，是“东亚病夫”好吧？1840~1949年的一百零九年间，中国尽受别人的欺负、“威胁”了，我们也能让那些昔日列强有点“威胁感”，又有什么不好？更何况这是他们自己说的啊！我们并没吹嘘，也没有去做。几千年来我们侵略过谁呢？“反战”“非攻”“兼相爱，交相利”，中国古有墨子，近有周恩来、邓小平同志。这也是中华民族固有传统美德的延续吧！

生于忧患，死于安乐，这也当是中华民族的一个传统美德吧？几十年来尽管中国如此繁荣兴旺，但从邓小平生前一直到党的“十八大”以来，无论哪一届中央领导集体，从来都没有忘记过国之忧患。忧在何处，患在何处呢？

二十世纪八十年代末，邓小平同志曾经在半年的时间内四次提到：中国改革开放十年最大的失误在教育，在“对青年的政治思想教育抓得不够”“对人民的教育不够”，足见他的痛心疾首。他晚年时又提到了“国格”与“人格”的问题，讲道：“谈到人格，但不要忘记还有一个国格。特别是像我们这样第三世界的发展中国家，没有民族自尊心，不珍惜自己民族的独立，国家是立不起来的。”

（精装版《邓小平文选》第3卷331页。）

人们很少注意到邓小平的这一段话，但邓小平恰恰是在这里把“国格”“人格”提升到了事关“立国”的高度。

那么，什么是我们社会主义的“国格”呢？邓小平讲得很明白：“民族自尊心”“民族的独立”。

新中国一路走来，我们最大的尊严便是完全靠“自力”，靠“艰苦奋斗”，而达“更生”之境。对西方敌对势力的“冷战”“热战”“和平演变”，我们何曾有过屈服？也正是在这一前提下，我们才有真正的“民族独立”。这就是我们的国格。那么什么是我们中国人的人格呢？邓小平同志在这里没有讲，但他在1978年4月22日召开的全国教育工作会议上的讲话中，在讲到我们的教育培养目标时，至少提到与社会主义人格相关的各个方面：革命的理想，共产主义的品德，勤奋学习，严守纪律，艰苦奋斗，努力上进，爱祖国，爱人民，爱劳动，爱科学，爱护公共财产，助人为乐，英勇对敌，集体主义精神，专心致志地为人民工作，等等。这里的哪一条不属于社会主义人格的范畴呢？

2006年党的十六届三中全会，第一次提出了“建设社会主义核心价值体系”的历史性命题和战略任务。2007

年，胡锦涛同志在“6·25”讲话中又具体提出这个“体系”包括四个方面的内容：①马克思主义的指导思想；②中国特色社会主义共同理想；③以爱国主义为核心的民族精神和以改革创新为核心的时代精神；④社会主义荣辱观。这四个方面，一是信仰，二是理想，三是精神，四是道德文明，哪一个不在社会主义人格的范畴之内呢？党的十七届六中全会又提到了社会主义核心价值体系是“兴国之魂”。

2012年11月，在党的“十八大”上又用“三个倡导”把社会主义核心价值观概括为十二项：①倡导富强、民主、文明、和谐；②倡导自由、平等、公正、法制；③倡导爱国、敬业、诚信、友善。而且中办文件又把这“三个倡导”分为三个层面：第一个“倡导”的四项，是国家层面的价值目标；第二个“倡导”的四项，是社会层面的价值取向；第三个“倡导”的四项，是公民个人层面的价值准则。实际上前两个“倡导”的八项都是属于“国格”范畴，而第三个“倡导”是属于“人格”范畴。

那么，我们怎样才能在前面讲到的那些历史嬗变中培育建构起这个“核心价值观”呢？中共中央政治局的第十三次集体学习，似乎很明确地回答了这个问题。

新华社北京2014年2月25日电讯称：中央政治局在2月24日，以弘扬社会主义核心价值观，弘扬中华传统美德为内容，进行了集体学习，习近平总书记在主持学习时强调：

培育和弘扬社会主义核心价值观必须立足中华优秀传统文化。牢固的核心价值观，都有其固有的根本。抛弃传统、丢掉根本，就等于割断了自己的精神命脉。博大精深的中国优秀传统文化是我们在世界文化激荡中落稳脚跟的根基。中华文化源远流长，积淀着中华民族最深层的精神追求，代表着中华民族独特的精神标识，为中华民族生生不息、发展壮大提供了丰厚滋养。中华传统美德是中华文化精髓，蕴含着丰富的思想道德资源。不忘本来才能开辟未来，善于继承才能更好创新。对历史文化特别是先人传承下来的价值理念和道德规范，要坚持古为今用、推陈出新，有鉴别地加以对待，有扬弃地予以继承，努力用中华民族创造的一切精神财富来以文化人，以文育人。

习近平总书记的这段论述相当精辟，对于如何培育建构社会主义核心价值观问题从四个方面剀切明白。

第一，他明确指出要在中华优秀传统文化的基础上，来构造我们的社会主义核心价值观，而不能割断历史。这一条十分重要，否则我们便会失去我们的本来面目，便会成为无源之水，也就无法走向未来。

第二，指出了中华传统美德是中华文化精髓，蕴含着丰富的思想道德资源。这就为我们揭示了社会主义核心价值观，要以弘扬优秀的中华传统美德为基础。

第三，他指出，对传统文化在扬弃中继承，在继承中创新。这就是说，社会主义核心价值观的内涵，既要有优良传统的文化精神，也要有时代精神，是二者的有机结合。

第四，他指出要用中华民族创造的一切精神财富，来化人育人。这就是说，弘扬中华民族文化，并不只是传承儒学那些道统，而是要弘扬全民族共创的优秀传统文化。同时也就是说，培育、弘扬社会主义核心价值观的根本目的是化民、育人。

尤其值得瞩目的是，习近平总书记在这次讲话中提到了一个“中华民族独特的精神标识”问题，而在同年的全国组织部长会议上又提出我们再也不能以GDP论英雄的思想。让人欣慰的是，思想道德文化建设终于被提升到一个民族的标识地位，这至少表明中国人的思想观念，并不落伍于世界潮流。

并不受人欢迎的亨廷顿生前给他的祖国提出的警示忠告，竟是如何弘扬他们没有多少历史和文化的“传统文化”:“盎格鲁新教精神——美国梦”，以此为国家的“文化核心”问题。他讲道:“在一个世界各国人民都以文化来界定自己的时代，一个没有文化核心而仅仅以政治信条来界定自己的社会，哪有立足之地？”所以，他提醒他无限忠于的祖国，一定要巩固发扬他们自入居北美以来，在新教精神基础上形成的“美国梦”理念的“文化核心”地位，这样才能消解这个国家的民族与文化双重多元化的危机。为此，他甚至预言美国弄不好会在本世纪中叶发生分裂。而且他公开预言不列颠大英帝国也会因民族与文化多元化的问题，导致在本世纪上半期发生分裂。

西方的一些专家学者们也十分强调国家民族文化的地位问题，柏克说:“全世界的人根据文化上的界限来区分自己。”丹尼尔同样说:“保守地说，真理的中心在于，对一个社会的成功起决定作用的是文化，而不是政治。开明地说，真理的中心在于，政治可以改变文化，使文化免于沉沦。”这些语言也可能有它们的局限性与某种非唯物性，但至少可以让我们看到那些发达的资本主义国家在想什么，至少与马克思主义经典作家们，关于意识形态并不总是消极被动地接受它的经济基础的论断并不相悖。

中国显然具有世界上最悠久的民族文化，同时显然也拥有世界上最强大的政治优势。新中国包括它直接进入社会主义的经济形态，以及其后的一次次经济变革，哪一次不是靠政治力量在强力推动呢？它当然同样拥有让我们几千年的民族文化“免于沉沦”的能力。有学人认为我们的民族文化早就被以往一次次的历史性灾难割裂了，这个看法显然都是毫无道理的。但我们当下却确实面临着“两个传统”失传失统的危险。中国的传统文化与优秀的民族美德，在当代国民中还有多少传承？老一代中国共产党人用生命与鲜血铸就的光荣革命传统，在党内还有多少“光大”？我们现在全民族的“核心文化”到底在何处？“社会主义核心价值观”的提出不仅符合世界潮流，也是使我们优秀的民族文化得以传承而不发生历史断裂的根本保证。富和强永远都不是一个民族的标志，哪个国家不可以富，不可以强？但能代表中国“这一个”本来面目，具有自己民族特色的，唯有中华民族的文化，能代表中国人形象的只有中国独具的道德人格。什么是人格？人格就是原始戏剧中不同角色的本来面目。

综上所述，我们是不是可以这样认为，社会主义核心价值观应内含如下的成分：中华民族传统文化中的优秀传统美德；中国人民近现代反帝反侵略反封建的爱国主义、斗争精神与中国共产党领导下形成的几十年光荣革命传统；中国化了的马克思主义有中国特色社会主义的共同理想；与“中国梦”远大目标相适应的时代精神。由这些内涵构成的社会主义核心价值观，用它来干什么呢？用习近平总书记的话来说就是“化人”“育人”，把它再具体化一下，无非是打造能体现中华民族特色，代表中国形象的国格、人格。在思想道德层面上，一个国家的民族精神也只有在人的身上才能体现，所以我们依据社会主义核心价值观的基本要求，针对当代青少年的实际情况，策划了《中国人格读库》这样一套大型系列选题。

本套书承蒙全国少工委、中华文化促进会、团中央中国青年网三家共同主办推广，并积极提供书稿。难得高占祥老前辈热情出任该套书的编委主任，且高占祥同志不辞屈就加盟主创作者队伍。一些大学、中学教师与青年作者也积极加盟此套书的编写。该选题被国家新闻广电出版总局列为2014年全国社会主义核心价值观重点选题，在此一并鸣谢。

希望本套书的出版能为社会主义核心价值观的培育与弘扬，为促进青少年的道德人格养成起到积极的作用。欢迎广大读者与作家对不足之处批评教正，多提宝贵建议与指导意见。

谨以此代出版前言并序。

二〇一四年十月

于北京时代华文书局

目录

被遗忘的卫国者，
滇缅路上的无名英雄南侨机工

再会吧，南洋，你海波绿，海云长，你是我们的第二故乡。我们民族的血汗，洒遍了这几百个荒凉的岛上。

再会吧，南洋，你椰子肥，豆蔻香，你受着自然的丰富的供养。但在帝国主义的剥削下，千百万被压迫者都闹着饥荒。

再会吧，南洋，你不见尸横着长白山，血流着黑龙江，这是中华民族的存亡。

再会吧，南洋，再会吧，南洋，我们要去争取一线光明的希望。

——田汉《告别南洋》

早在1000多年前，南洋这片富庶之地就留下了华人奋斗的足迹，随着郑和下西洋的成功，越来越多的中国人下南洋打拼。1620年，荷兰总督在一封家书中写道：“不论是谁要建立和扩大荷兰的势力，必须和华人合作，因为他们是坚毅、勤俭、不怕疲劳、工作熟练和纪律性强的民族。”华人在这里披荆斩棘，开创基业，直到如今，这片土地上的民居民俗依然可见明朝的风范，被人称为“明代的天空”。

“阿哥出门往南洋，漂洋过海去外乡，一路行程路头长，人争口气佛争香”，淘金和衣锦还乡成为他们共同的梦想，但20世纪30年代的中国战事频仍，日益迫近的战争让他们如此简单的梦想化为泡影，南洋也见证了他们毁家纾难、保家卫国的碧血丹心。

1937年7月7日，日本发动卢沟桥事变，全面侵华由此拉开序幕。11月，上海陷落，12月，南京失守。生灵涂炭，山河破碎。日本陆相杉山元狂妄地宣称，要在三个月内结束中国战事。而此时中国主要的军需物资全部依赖进口，因此日军首要的战略目标就变成切断中国与外界的全部通道。

在一年多的时间内，北平、天津、青岛、杭州、上海、广州和海口相继陷落。随着广州的陷落，战火日益逼近南洋。

绝望的情绪在华夏大地弥漫，就在这种最黑暗的天幕下，一支20万人的筑路大军，在云南连绵高耸的山脉中，开辟了一条延续中国希望的生命线——滇缅公路。时任美国驻华大使詹森在给美国总统罗斯福的报告中指出：“修筑滇缅公路物资条件异常缺乏，第一缺乏机器，第二纯系人力开辟，全赖沿线人

卢沟桥

民的艰苦耐劳精神，此种精神是全世界任何民族所不及的。”

滇缅公路开通之后，又一个难题摆在了人们面前，当时国内急缺经验丰富的司机和修理人员，能够在云南险峻的山路上熟练驾驶的司机更是寥寥无几。这则消息很快在人们的奔走相告中传遍了整个南洋，以陈嘉庚为首的南洋总会向全体华侨发出了一份紧急通告：

为通告事，本总会顷接祖国电，委征募汽车之机修人员及司机人员回国服务，凡吾侨具有此技能之一，志愿回国以尽其国民天职者，可向各处华侨筹赈总会接洽，事关祖国复兴大业，迫切需要，望各地侨胞侨领深切注意办理是要。

这则通告发出之后，南洋华侨纷纷报名，这些共赴国难的华侨有了一个共同的名字——南侨机工。

当时刚刚年满19岁的华侨吴钟标积极报名参加，他自己后来回忆道：“天下兴亡，匹夫有责！我立刻决定回到祖国，和日本拼了。”但回国参战就意味着危险、流血甚至牺牲，对于这样的结局，几乎每个人都心知肚明，吴钟标因是家中独子，爱侄心切的叔叔不免强加劝阻，但故土的战火让吴钟标的内心澎湃不已，他决定化名回国。

当时为了回国参战而改名的华侨不计其数，新加坡工程师王文松放弃每月200元的高薪，带着十几个伙伴和一整套维修设备报名参战。

林福来将唯一的弟弟托付给友人之后独自回国参战。当时化名施夏圭的爱国华侨白雪娇所写的一封家书在南洋几乎家喻户晓：

亲爱的父母亲：

别了，现在什么也不能阻挠我投笔从戎了。我知道父母亲一向是明情达理的，对于女儿的行动，是不会有异议的……家是我所恋的，双亲弟妹是我所爱的，但破碎的祖国，更是我所怀念热爱的。所以虽然几次的犹疑踌躇，到底我是怀着悲伤的情绪，含着辛酸的眼泪踏上征途了。

这次去，纯为效劳祖国而去的，虽然我是社会上一个不值得注意的虫，虽然在救国建国的大事业中，我的力量简直是够不上沧海一粟，可是集天下的水滴而汇成大洋。我希望我能在救亡的汪流中，竭我一滴之微力。

亲爱的双亲，此去虽然千山万水，危安莫卜，是不免凄怆心酸，但是，以有用之躯，以有用之时间，消耗于安逸与无谓中，才更是令人哀惜不置的，因为生活就是斗争，尤其是在祖国危难的时候，正是青年奋发效力的时机。这时候，能亲眼看见祖国决死争斗以及新中国孕育的困难，自己能替祖国做点事，就觉得此是不曾辜负了……

从1939年2月到9月期间，先后有3193名华侨机工回国参战，正如1941年1月27日《新华日报》的报告中写的那样，“几乎每个人回国来参加抗战的经过，都是一段可歌可泣的史实！”战争不仅改变了他们的名字，更改变了他们的命运。

1939年9月，长沙保卫战开始，次年1月，日军攻入长沙，在激烈的战争中，中国军队急电重庆炮弹告罄，得到的答复是炮弹尚在缅甸仰光待运。

南侨机工合影

刚刚回国的南侨机工马上投入紧张的运输工作中，负责将仰光的军用物资运抵缅北的腊戌，再由那里沿着1000多公里的滇缅公路运抵昆明乃至国内抗战的各个战场。

南侨机工在崇山峻岭中奔驰，滇缅公路上平均一公里就有三位华侨司机日夜兼程。

南侨机工翁家贵回忆说：“由于运输任务紧迫，每次出车至少要连续七天日夜兼程，白天开车子，晚上睡觉，机工们都亲切地将驾驶的道奇车叫‘道奇旅馆’。”

滇缅公路的环境十分险恶，在1000多公里的路途中，机工们要翻越六座大山、五条大江以及无数悬崖峭壁，一道又一道的急弯，一个又一个的陡坡，一边是600多米深的峡谷，一边是高达3000米的高山。机工们稍有不慎，就会跌落山谷。对于这样的路况，机工们戏谑地称之为“初一翻车，十五到底”。

吴再春是马来亚华侨，1939年回国参加抗战，在滇缅公路上担任驾驶任务，不幸感染疟疾，仍然抱病坚持工作，车辆行驶到龙陵路段时，突然发生故障，又恰逢天气骤变，吴再春唯恐车上运载的物资丢失，坚守在车中不愿撤离。当救援车队赶到时，因为疾病和寒冷，吴再春已经离开了人世，他所运载的物资却没有丝毫损失。他的同伴罗开瑚慷慨激昂地说：“南侨机工回国不是来享受的，是来战斗的，战斗就会有死亡，我们不会流泪也不会退缩，活下来的人要更拼命地去打敌人。”

《陈嘉庚回忆录》的自序中说：“华侨(机工)亦在盟军之列，战时同遭艰难困苦。他们所运送的军用物资，所驾驶、维修的也是军车，他们冒着日军的炮火周旋突围，他们实在也就是不穿军装的军人！”滇缅公路就是他们的战场，手中的方向盘就是他们的武器，“一个华侨肯出力，十个敌人九不回”是他们的口号。

我们的雄心和马达共鸣，
我们的队伍向祖国前进；
我们的血汗作胜利保证，
在我们面前永远是光明。
这套好身手到今天显出救国本领，
马达快开动！
为了祖国，亲爱的祖国——
负起这次神圣战争的伟大使命，
我们很光荣，与弟兄们前进！

这首《马达进行曲》当时经常响彻在滇缅公路的上空，正是在这歌声中，南侨机工们建立了不世功勋，也是在这歌声中，彰显了南洋华侨对祖国的赤子丹心。

经过两年的战争，日本人发现，中国的军力不但没有削弱，反而大大增强，而这种源源不断的补充力量正是来自中国西南的那条滇缅公路。

滇缅公路上运输的车辆

1940年日本占领越南，专门成立了滇缅公路切断委员会，一场针对中国抗战生命线的大轰炸开始了。滇缅公路成了中日角力的主战场，而道路上疾驰的南侨机工正置身于这一战场的最前沿，每天都有成群结队的轰炸机从他们头顶呼啸而过。

1941年1月27日的《新华日报》这样写道："敌机狂炸，愈趋愈烈，但华侨司机们并不因此而气馁，他们自动踊跃地参加华侨义勇抢运大队，在敌机翼下拼命地为祖国抢运抗战物资，前仆后继，以加紧运输来为死难的同胞复仇。整个滇缅公路的运输，就依靠这些抗战英雄的壮烈牺牲来维持！"

1940年10月，日本开始了对滇缅公路的咽喉重地功果桥长达四个月的狂轰滥炸，功果桥被炸断就意味着滇缅公路运输的彻底中断。

机工王亚六亲身经历过那种场面。那天，他和战友们驾驶着装满军火的15辆大卡车从保山返回下关，途中，他们路过功果桥。还未到桥头，桥上已悬挂起两个报警的红灯笼，远处，27架日本飞机正向桥上俯冲。王亚六急忙下车，猫腰钻进路边石崖下的防空洞里。一股股高高的水柱冲天而起，敌机开始向桥上投掷炸弹，江水发出一阵阵呜咽。眨眼间，近200米长的桥只剩下一个不成型的桥头。

功果桥被彻底炸断，日本东京的电台洋洋得意地叫嚣："滇缅公路已断，三个月内无通车希望。"

如果三个月中断军火来源，则会让中国的抗战更加捉襟见肘。在此危难之际，机工们和当地的修桥工人连夜从仓库里征集了几百个空油桶，用铁丝将空油桶捆在一起，两边用绳索连接，上面铺上木板，再将船两头用钢丝拉到两岸的滑轮上，建成一座浮桥，仅仅用了10个小时，功果桥就再次通车，粉碎了日寇的断路逼降计划。

1941年12月7日，日军轰炸珍珠港，太平洋战争全面爆发。随后日军便对东南亚展开围攻之势。12月9日，攻占泰国曼谷，10日占领关岛，25日攻陷香港，矛头直指国际援助物资进入中国的中转港——缅甸仰光。

整个东南亚都遭到日军铁蹄的蹂躏，到1943年3月，日军完成了对中国的战略合围，中国抗战最后一条生命线滇缅公路危在旦夕。

为了挽救这条战略通道，中国政府派遣十万远征军出征缅甸。由于驻缅英军的掣肘，中国远征军虽然英勇奋战但最终孤掌难鸣，一个月后，中国远征军无奈之下只能全面撤退，日军的先头部队已经出现在缅北，此时的滇缅公路俨然成了一副多米诺骨牌，推倒其中一块坍塌已经无法避免。南侨机工们不顾生命危险，加紧抢运物资，当时的一首战歌流传甚广：

日军偷袭珍珠港

车在我们手上
血在我们的胸膛，
我们来捍卫祖国，
我们奔赴沙场，
不怕山高，不怕路遥，
快把运输任务达到，
抱定杀身成仁的决心，
发扬中华民族的荣光！

南侨机工邓文聪说出了那时全体南侨机工的心声：“虽然我们的生活很艰苦，任务很艰巨，生命很危险，但是我们南侨机工却能战胜面临的一切困难，不怕牺牲，勇往直前，置生死于度外。我们回国主要是为参加抗日救国而来的，也懂得战争中必然要付出流血或牺牲的代价。为了祖国的生存和强盛，我们献身报国，甘之如饴。”

正是有这样的精神作为支撑，中国抗战的生命线才得以延续。南侨机工驾驶汽车在敌机的轰炸之下左冲右突，他们用鲜血和生命保证了滇缅公路的畅通。

在他们参加滇缅公路运输前的1939年1至5月，通过滇缅路运入我国的武器和其他军用物资每月仅1000多吨，自从大批华侨机工参加军运后，每月运量猛增。从1939年11月至1940年6月，每月运量达1万吨左右。到1942年4月底，机工们为抗战运回的军用物资总数达45万吨，而当时中国全年获得的国际援助也只有50万吨，也就是说，几乎90%的物资都是南侨机工用血肉之躯运回来的。为此，机工们也付出了沉重的代价。在险恶艰困的条件下战斗减员极大。直至抗战胜利，有一半以上的机工热血洒疆场，长眠于滇缅丛林。

占领缅北之后，日军长驱直入直逼怒江惠通桥，一旦日军过了惠通桥，便可直下云南，从背后杀入陪都重庆。

1942年5月5日，日军先头部队伪装成溃败的远征军出现在惠通桥的桥面。

危急关头，中国军队决定炸毁惠通桥，惠通桥就在冲天的火光中缓缓落入湍急的怒江中。

惠通桥被炸，滇缅公路彻底阻断，中日两军最终形成了怒江对峙的局面。

而对以滇缅公路为主战场的南侨机工来说，失去了滇缅公路就意味着失业。兵荒马乱的年代没有人为这群为了祖国抛头颅洒热血的机工们负责，他们沦落街头，成为一群真正的难民。

“不能就这样坐以待毙，尤其是不能等着当亡国奴。运输队虽然解散了，但我们依然要用自己的力量为抗战出力。”困境中，侨领侯西反第一个发出了呐喊。250多名南侨机工接受盟军招募，分两批赴印度机场从事军事运输工作。

韩利丰的驾驶技术在机工中是数一数二的。凭借这一技之长，他来到仰光，申请新的任务。总部派他运送几名美国上校、秘书、翻译赴印度。高黎贡山、野人山，原始森林中野兽出没、杂草丛生，根本无法行车前进。他们毅然弃车前行，在荆棘中走出一条通往加尔各答的路。由此，他们成为开辟中印公路的先驱。

一部分机工再度投军，来到广西部队，帮助抢运撤退物资、抢修汽车。机工王新春飞驰在公路上运送物资，突然，一排子弹射进了他的左腿，殷红的鲜血，顿时染红了整个脚踏板。他没有停车，咬着牙。他用一根木棒代替脚顶住踏板，一直把物资运到了镇南关。

这样的事情数不胜数，虽然政府没有给予他们应有的待遇，但南侨机工们没有怨天尤人，他们以自己的微薄之力继续抗战，直到中国抗战胜利。

抗战胜利后，大部分南侨机工的生活都回归平静。许海星在复原之后回到马来西亚务农，过起了恬淡的田园生活。

李亚留在回到家乡后，才知道家中的亲人只剩下妹妹一人，其余的亲人都因为他的抗日行为遭到日军的疯狂报复。李亚留买了一辆小型巴士，他给这辆巴士起了一个特殊的名字——昆明。

冯增标回到家乡后当起了修车师傅，在他整洁的卧室最显眼的位置上，摆放的是当年作为南侨机工获得的嘉奖。

尽管这些老人已经平凡得如同茫茫世界的一粒微尘，但他们曾在激荡的年华里为这个国家奉献过自己的青春和热血，他们是最平凡的英雄。

1947年11月30日，马来亚雪兰莪华侨筹赈会在吉隆坡广东义山亭为殉难的南侨机工建立了第一座纪念碑，镌刻的碑文记录了那段烽火连天的岁月，记录了南侨机工为国为民的情怀。

民国廿六年，七七事变，倭寇猖獗，蹂躏神州。我国政府，颁发动员令，全民抗战，歼彼倭奴。南岛华侨，纷起响应，组

训练时期的机工队列

织筹赈机构，从事救国运动。斯时沿海各地，均遭封锁，寇患日深。我国政府，为运输孔道，以资接济，唯战区辽广，辎重运输，急如星火。驾车人材，须尽量搜罗，方克奏功。本会奉命选拔精于技术华侨，遣送回国，肩此重任。抗战八年，沐风栉雨，备尝艰苦，幸获最后胜利，完成光荣任务。生者固受奖南归，死者则名留史迹。此种爱国精神，至为可风，爰为之铭曰：机工技术，驾轻就熟。机工勤劬，风尘仆仆。机工任务，滇缅往返。不畏天险，褒斜绾谷。祸生陡变，丧身寒谷。为国牺牲，谁不敬服。自来殉国，必有记录。勒诸丰碑，良志芳躅。

从1939年第一批华侨归国抗战，到1945年日本投降，南侨机工坚持抗战达6年之久，回国的时候他们意气风发、满腔热血，战争胜利之后他们饱经世事、满脸沧桑。在6年中，面对日军的狂轰滥炸，他们坚守在滇缅公路上，保证了这一抗战生命线的畅通无阻。在为国家抛头颅洒热血之后，他们平静地回归了最平凡的生活。他们身上没多少惊心动魄的东西，就是国家有难，平静尽责，再平静归来。但胜利靠的正是千千万万这样默默付出、默默牺牲、默默回家的普通人。他们用行动告诉我们，什么是赤子丹心，毁家纾难；告诉我们什么是天下兴亡，匹夫有责！“苟利国家生死以，岂因祸福避趋之”正是他们的人格写照，他们应该被历史铭记，因为他们是最平凡的英雄。

滇缅公路纪念雕塑

视全国如一身，拔一毛而知痛的陈嘉庚

领导南侨捐抗敌，会场鼓励必骂贼。报章频传海内外，敌人恨我最努力。和平傀儡甫萌芽，首予劝诫勿昧惑。卖国求荣甘遗臭，电提参政攻叛逆。强敌南侵星岛陷，一家四散畏虏逼。爪哇避匿已两年，潜踪难保长秘密。何时不幸被俘虏，抵死无颜谄事敌。回检平生公与私，尚无罪迹污清白。冥冥吉凶如有定，付之天命惧奚益？

——陈嘉庚《述志诗》

闽海之滨，有我集美乡；山明兮水秀，胜地冠南疆。天然位置，惟序与黉；英才乐育，蔚为国光。

提到集美，我们就不得不提及在这里出生的华侨领袖——陈嘉庚。就在他出生的那一年，日本的炮火直逼台湾，把台湾变成了日本的属地；就在他从父亲手中接过象征家族基业的钥匙时，甲午战争的炮火映红了故乡的天空，台湾的割让更是让福建断掉了左臂；就在他闯出一片天地，建立起自己的商业帝国之际，日本发动了“九一八事变”，东三省惨遭日本铁蹄的蹂躏；就在他的企业因经济危机江河日落之时，日本悍然将侵略矛头指向平津。

他的一生是忧国忧民的一生，是与日本侵略者不屈斗争的一生。徜徉在厦门大学芙蓉湖中心岛上，陈嘉庚先生的群雕供世人瞻仰，向人们讲述着那段慷慨输将、壮怀激烈的爱国义举。

20世纪二三十年代的中国，外侮日甚，国将不国，国家的命运牵动着海外华侨的心，陈嘉庚更是痛心疾首、寝食难安。1919年“五四运动”之后，他意识到只有民心不死，国脉才能存续。他毅然决然地将南洋的实业交由胞弟打理，自己回国办学以拯救民心。

1920年回国后，陈嘉庚为筹办厦门大学奔走呼号，7月13日，他在陈氏宗祠邀请各界政要召开特别大会，宣布筹办厦门大学的计划。他慷慨陈词：

今日之国势危如累卵，所赖以维持者，惟此方兴之教育与未死之民心耳！民心不死，国脉尚存，以四万万之民族，绝无甘居人之下之理！今日不达，尚有来日，及身不达，尚有子孙。

陈嘉庚塑像

如精卫之填海，愚公之移山，终有贯彻目的之一日！

除此之外，他还宣布捐出自己的全部资产。为了挽救民族危亡，他开始了倾资办学之路。

1921年，他特地于袁世凯接受日本“二十一条”的国耻纪念日举行厦门大学的奠基仪式，告诫学子们发愤图强，勿忘国耻。

在陈嘉庚呕心沥血苦心经营之下，厦门大学成为当时教育界的一个奇迹，在当时国民政府弃之不顾的情况下，陈嘉庚如风雨中的一叶扁舟，独立支撑达16年之久。

1929年的经济危机使陈嘉庚的实业深受打击，英国乘虚而入，提出可以向陈嘉庚的公司注入资金以维持其存在，但同时也提出了让陈嘉庚停办厦门大学和集美学校的条件。陈嘉庚掷地有声地说出了一句话：“企业可以收盘，但学校绝不可停办。”在企业收盘之后，为了筹措办学费用，他不惜将自己留给儿孙的三座大厦变卖，这一举动被人誉为“出卖大厦，维持厦大”。

1937年，在确已无法勉力支撑的情况下，他慷慨地将厦门大学无偿捐赠给国家，改名为国立厦门大学。

陈嘉庚说：“民智不开，民心不齐，启迪民智，有助于革命，有助于救国，其理甚明。教育是千秋万代的事业，是提高国民文化水平的根本措施，不管什么时候都需要。”正是这一片爱国救亡的赤子情怀，才成就了世人传颂的嘉庚精神。

今日厦门大学

1937年7月7日，日军悍然发动卢沟桥事变，中国抗战全面爆发。面对侨胞们的热切期望和国民政府的临危受命，陈嘉庚决定担负起筹备南洋筹赈祖国难民华侨总会的重任。

1938年10月10日，陈嘉庚在南洋华侨筹赈祖国难民代表大会上发表演讲：

中国立国五千年，夙以和平正义昭天下，不幸邻邦日本，军阀专横，鹰眈虎瞰，蚕食鲸吞，妄图吞并中国，以为征服世界之准备，中国政府鉴于最后关头已至，毅然发动全面全民长期抗战，将以争取主权领土之独立完整，将以争取国家民族之平等自由，故中国之抗战，实为御侮而战，实为自卫而战，实为维护国际盟约而战，实为保障世界和平而战。

同时他还表示："如果我们终日只知道赚钱，不知救国，纵然发了财，但是做了奴隶，做了亡国奴，发了财又有什么用呢？"

陈嘉庚的演讲得到广大侨胞的热烈响应，当时的报刊也刊登了侨胞们的抗日誓词："国家之大患一日不能除，则国民之大责一日不能卸；前方之炮火一日不能止，则后方之支援一日不能停。"大家纷纷捐款捐物，支持祖国抗战。

当时捐款的人并非都是富商大贾，下至商贩甚至歌女都慷慨捐资。陈嘉庚本人也承诺每月捐资两千元，直至抗战胜利。他在给儿子的一封信中写道：“即此区区之款，余惟恨现无百万之资，否则亦必全数购买救国国债，绝不犹豫！”

在陈嘉庚的率领下，南侨总会实现了抗日救亡背景下华侨的大联合，真正实现了“组织华侨千百万，复兴中华一条心”的宗旨。

华侨的捐助为祖国的抗战解了燃眉之急，时任国民政府军事委员会参谋长的何应钦总结说：“1939年全年军费共计国币18亿元，而华侨义捐占了三分之一。”大宗的药品如金鸡纳霜（奎宁）、阿司匹林片、仁丹、救伤绷带多由南侨总会供应。快速募集后，直运西南运输处，转交最高行政当局。为拯救祖国于危亡之中，他们就是这样地呕心沥血。

陈嘉庚率领的南侨总会不仅在物质上支援祖国的抗战，而且还精心组织了3000多名热血青年，直接回国参战。

1938年广州沦陷之后，抗战的阴影沉沉地压着古老的中国大地，也压在生活在海外的每一个中国人的心头。关注祖国命运成为海外游子们心中的头等大事。在商店、在码头，赶走日寇的呼声此起彼伏。

1939年2月7日，陈嘉庚应祖国的要求向全体南洋华侨发出了一项公告，号召汽车机修人员及司机人员回国服务，以尽国民之天职。通告发出当天，南洋各国机工报名处便挤满了人，想归国的机工们排起了长队。这些机工中还包括许多外籍华人，他们的精神让陈嘉庚大为感动，但这遭到蒋介石的拒绝。他致电蒋介石："彼投效意志坚决，戎装待发，其情可感。倘再谢绝，则深负该外人诚意。"

在陈嘉庚三番五次的交涉之下，这些爱国华侨先后分九次返回祖国参加抗战。陈嘉庚为他们举行了欢送会，在会上他表示："你们是代表千万华侨回国抗战的，宁为玉碎，不为瓦全，不当亡国奴，就要打到底。"

滇缅公路，这条为中国抗战立下汗马功劳的军运大动脉，是1938年在国民政府敦促下抢修而成的。横断山脉，这条蛰伏的巨人，在印度板块与欧亚板块碰撞之时，将滇西大地压得支离破碎，形成了玉龙雪山、云岭、点苍山、怒山等一系列南北走向的群山；而金沙江、澜沧江等一批江河，又从宛若鬼斧神劈的峡谷中奔涌而出。

在地跨怒江两岸的龙陵地段，云南省军政长官龙云下达了命令："5月内须筑路110公里，3月内须铺竣路面及桥梁涵洞。贻误军运，军法处置。"

军令如山，面对几乎不可能完成的任务，龙陵县县长王锡光一急之下左眼失明，他挥笔写下了"违误通车干军法，县官焦急一目盲"的诗句。在这样的路段上驾车，南洋机工面临的困难可想而知。头上有敌机轰炸，脚下是万丈深渊，甚至连基

1932年上海抗战

本的生活都不能得到保障。

关心南侨机工工作、生活情况的陈嘉庚在听到机工们的反映后，立即派南侨总会的刘牡丹专程前往滇缅公路进行实地调查。刘牡丹在调查报告中说：“所经各站设备极其简陋，所遇各华侨司机等多面无血色，带病多泪，目不忍睹。”陈嘉庚心急如焚。经过思考，他作出在滇缅公路上设立七个停车站，每站建几个停车场的决定。同时，南侨总会还给每位机工赠送蚊帐、毛毯、工作服、卫生衣、运动鞋、奎宁等日用品及药品，并两次致电西南运输处，建议在沿途设立机工宿舍、医疗站和停车场。

1940年春，陈嘉庚亲自回国看望南侨机工，他乘坐飞机经停腊戌、昆明，当天飞到重庆。停留相当一段时间后，又改乘汽车沿滇缅等线路巡回访问。

在重庆，他首先到了西南运输公司的重庆办事处，并向到场的数百南侨机工发表演说。他说，当沿海交通完全丧失后，滇缅路最为重要。然而，山路崎岖，司机非有经验不可。国内此项人才极为缺乏，因此才赶紧在南洋招募富于经验的驾驶员和修理工，以满足军运的需要。他们的生活费用由南侨总会负责，这些机工拼着头颅颈血，热诚回国，甘愿牺牲，舍去优厚薪水，抛离家室，他对南侨机工加以勉励，尤其感谢他们所作出的重大牺牲。

7月30日，陈嘉庚再次就机工生活问题致电蒋介石：“西南运输处办理不力善，尽人皆知，事关抗日军运重事，毋庸多赘，在新加坡曾多次致函电军委会，未悉可达均座否。”

1940年11月，年过花甲的陈嘉庚再次回到国内，对滇缅公路整条路段进行了考察，并带钱到沿途医院看望了生病及受伤的机工。

抗战胜利的消息像春风吹进了每颗枯涩的心。在国内坚持抗战的华侨急切盼望复员，以便和家人团聚，但忙于内战的蒋介石却对华侨机工的要求置之不理。陈嘉庚几次致函国民政府，指出华侨机工为抗日救国回去，决不参加内战，必须复员，“运返少数机工，在政府系力所能及之事，并非挟泰山而超北海，端在肯与不肯耳。”在陈嘉庚等人的努力下，1946年10月末，部分机工终于南返。

日本战机空袭南京

汪精卫和伪军

在整个抗战期间，陈嘉庚一直在为抗日救亡奔走呼号，从未将个人安危记挂于心。1937年，日军在攻占平津之后猛攻上海，11月上海失守，12月南京陷落。不足半年，全国大部分重镇落入敌手。1938年5月，著名侨乡厦门被占领，10月，中国军队耗费三个月的武汉大保卫战再次失利，抗战前景一片黯淡。南侨总会成立后，北京汉奸伪政府江朝宗等人联名致电陈嘉庚，要求他一起赞成“大东亚和平”，并许以极高职务。陈嘉庚立即拍发电报予以痛斥：

卖国求荣，谄媚无耻，沐猴而冠，终必楚囚对泣，贻子孙万代臭名。日寇灭天理、绝人道，奸伪欺诈，毒祸人类，为幽明所不容，列强之公敌，现虽暂时荣耀，终必惨败无地。尔辈若能及早悔悟，改过自新，尚不愧为黄帝子孙。

但从陪都重庆开始，主和论四处弥漫，身为国民党副总裁的汪精卫提出了“和平乃救亡图存之上策”的谬论，并公开发表对日和平谈话，这一谈话让海外华侨义愤填膺。为了抗击主和逆流，陈嘉庚特地发电报予以驳斥：

今日国难愈甚，民气愈盛，宁为玉碎，不为瓦全，继续抗战，终必胜利。中途妥协，实等自杀，孰利孰害，彰彰明甚。若言和平，

1938年河北涞源浮图峪长城上战斗的中国战士。

试问谁肯服从？势必引起各省分裂，无法统摄，不仅和平莫得实现，而外侮内乱，将更不堪设想，坐享渔利者，惟有敌人！

但汪精卫固执己见，坚持妥协之策，陈嘉庚又发电报给蒋介石，希望他能够“实践庐山宣言，贯彻焦土全面长期抗战三大策略，以搏最后胜利，国内外同胞咸抱此旨”。

更令人叫绝的是，陈嘉庚巧妙地利用“国民参政员”的身份，向正在重庆召开的国民参政会第二次大会发出“敌人未退出我国之前，公务员谈和平便是汉奸卖国贼”的提案。这份痛击汪精卫的提案，经20多位国民参政员联名签署后交付讨论。担任大会主席的汪精卫如坐针毡，面色苍白，硬着头皮向大会宣读了这个提案，很快获大多数参政员的赞同而通过。

提案在通过时，文字精简为“敌未出国土前言和即汉奸”！这一疾恶如仇的提案，使大汉奸汪精卫陷入全国人民的愤怒声讨之中。邹韬奋称赞道：“提案的内容只是寥寥十一个大字，却是几万字的提案所不及其分毫，是古今中外最伟大的一个提案。”

1942年日寇攻占新加坡，陈嘉庚逃到印尼避难。日军占领印尼后，悬赏搜捕陈嘉庚，他即改姓化名李文雪，乔装打扮，一再迁徙住处，与敌人周旋。他置生死于度外，1943年3月秘密撰写以海外华侨热爱祖国支持抗日救亡为中心内容的史书——

《南侨回忆录》，1944年4月脱稿，并赋诗明志：

领导南侨捐抗敌，会场鼓励必骂贼。
报章频传海内外，敌人恨我最努力。
和平傀儡甫萌芽，首予劝诫勿昧惑。
卖国求荣甘遗臭，电提参政攻叛逆。
强敌南侵星岛陷，一家四散畏虏逼。
爪哇避匿已两年，潜踪难保长秘密。
何时不幸被俘虏，抵死无颜谄事敌。
回检平生公与私，尚无罪迹污清白。
冥冥吉凶如有定，付之天命惧奚益？

他随身携带毒药氰化钾，只要被日寇发现，他随时准备殉国明志。在集美大学校友的掩护下，陈嘉庚几度化险为夷，度过了最为艰难的3年。

避难爪哇期间，虽身处逆境，陈嘉庚仍胸怀祖国，放眼世界。校友们挂念其年迈体弱，想给他加点营养，总被婉言谢绝。他说："现在是战时，物力艰难，何苦浪费？前方抗日战士，后方受难灾民，过的是什么生活？我们何忍独享美食，与其吃了不安，不如不吃为好。"

1945年日本投降之后，他顺利返回新加坡，周恩来送来贺词："为民族解放尽最大努力，为团结抗战受无限苦辛，诽言不能伤，威武不能屈，庆安全健在，再为民请命。"

从青年开始捐资支持抗日，到花甲之年的亲力亲为，陈嘉庚一直都在为抗战奔走呼号，在抗日战争最低迷的时刻，他慷慨陈词："祖宗的土地，尺寸不得让人，反之则为国贼也，所谓救国图存乃求领土之完整、主权之恢复。凡真诚爱国者，视全国当如人一身，拔一毛而知痛。"在家族生意每况愈下，遭遇最大变故的时刻，他也时刻谨记捐资救国。在他的领导下，南洋华侨同仇敌忾，为祖国的抗战竭尽所能。

1961年陈嘉庚逝世时，全国政协副主席陈叔通挽诗高度概括了他抗日的义举：

八十八年如一日，赤心爱国不求知，
与人肝胆能相见，风义平生最可师。
元凶窃国务诛锄，抗日声中义愤摅，
解放归来遵领导，陈词意态自安舒。

侠之大者，为国为民，"杜鹃再拜忧天泪，精卫无穷填海心"，正是陈嘉庚人格精神的写照。

鹰击长空，
浴血奋战的华侨飞行员

得遂凌云志，空际任回旋。报国怀壮志，正如东风飞去，复我河山。努力，努力，莫偷闲苟安，民族兴亡责任待吾肩，须具有牺牲精神，任凭双翼一冲天。

——《笕桥航校校歌》

每当提及第二次世界大战的空战，人们总是把目光投向欧洲战场、太平洋战场，殊不知在中国的天空上，中国的空军同样进行了反抗日本法西斯的生死之战，同样是壮怀激烈，地动山摇。

一次次的兵戈厮杀，一个又一个生灵活现的生命遭到践踏，在民族危亡之际，海外华侨毅然投身于这场旷日持久、你死我活的空战之中，那一幅幅惨烈而血腥、悲壮而雄浑的

历史画面，至今让我们难以忘怀。

马来亚麻坡华侨青年林日尊在抗战爆发后反复向父亲和战友们表示：“我等既为军人，生死已置于度外，若为民族为国家虽不幸战亡，亦为无上之光荣。”印尼雅加达华侨青年陈镇和在国难当头之际，赋诗一首以表心志：

男儿莫惜少年头，快把钢刀试新仇。
杀尽倭奴雪旧耻，誓平扶桑方罢休。

正是他们的一腔热血，我们才得以存续民族的希望。

1931年的“九一八事变”让日军不费吹灰之力就占领了沈阳，驻扎在华东的日本海军陆战队再也按捺不住，于1932年1月28日兵分五路进攻上海，日本海军司令长官盐泽幸一狂妄地宣称要在四个小时之内攻占上海。

驻守上海的十九路军总指挥蒋光鼐、军长蔡廷锴向全国各界通电表示：“光鼐等分属军人，唯知正当防卫，捍患守土，是其天职，尺地寸草，不能放弃，为救国保种而抵抗，虽牺牲至一人一弹，决不退缩，以丧失中华民国军人之人格。”

十九路军浴血奋战，日军死伤万人，三易统帅依旧无法攻克上海。无奈之下只得出动航空兵，虽然中国的空军都是杂牌军，但也毫不畏惧，奋起抗敌。归国华侨黄毓铨在淞沪抗战爆发当日新婚未足20天，毅然归队赴沪杀敌，击落敌机数架。2月5日，黄毓铨为了掩护战友，与敌机展开激战，不幸壮烈牺牲，年仅28岁，成为中国空军抗日捐躯的第一人。

蒋光鼐与蔡廷锴

全面抗战爆发之后，日本对我国的海空力量均持轻蔑态度，认为我国空军“远非帝国飞将之敌手”，因此日军从战争一开始便大举空袭南京，妄图摧毁抗日军民的意志。

1937年8月14日，队长高志航率领我空军奋起反抗日军对我们的挑衅，华侨黄泮扬和陈瑞钿参与了这场战斗，作战英勇，并取得了6:0的大捷，国民政府将8月14日定为空军节。

著名词作家冼星海在听闻“八一四”空军大捷后，兴奋地写下一首词：

八一四，西湖滨，志航队，飞将军。
怒目裂，血飞腾，振臂高呼鼓翼升。
群鹰奋起如流星，掀天揭地鬼神惊。
我何壮兮一当十，彼何怯兮六比零。
一战传捷，举世蜚声。
发扬民族的力量，珍重历史的光荣。

8月15日，日本又派遣木更津航空队空袭南京。当敌机抵达南京东南的句容机场时，第三大队起飞反击。第三大队的飞行员多为祖籍广东的归国华侨，他们爱国心切，在蒋其炎大队长的率领下冒着敌机的轰炸火速升空截击。偷袭南京的

飞虎队队员

敌机群在句容上空被他们打得如同秋风扫落叶般，一个个变成火团坠向地面。

美国归侨黄泮扬率先击落了敌带队长机。当他又击伤一架敌机向句容机场折返时，又在第十七中队另一位美籍华裔飞行员黄子沽的协助下击落了敌指挥官新田慎一的座机，将其打得当空爆炸，化作大火球坠落在句容南面。一位华侨飞行员在空战之前写给母亲一封家书，言语之间透露出视死如归的精神。

母亲：

……儿在外为民族生存自由独立而杀敌，请大人勿以儿之生死为念，夫死有轻如鸿毛者有重如泰山者，儿为世界的和平，民族的生存，虽马革裹尸，亦无憾矣！否则身为现代空军军人，还稍有贪生怕死之理，则必为全国人民所共弃，更将为万世民族之罪人。黄帝子孙，岂敢岂敢！慈爱的妈妈，全面的战争已开始，敌机到处轰炸，我锦绣山河将成焦土，在敌机的威胁之下，无前方后方，我全国有总动员之必要。

弈香敬上

后来徐汉灵在上海出击敌人的时候身受重伤，他驾驶的飞机千疮百孔，遍体鳞伤，座舱里、仪表板上处处是鲜血，这名年轻的飞行员蘸着伤口喷涌的鲜血，在生命的最后一刻在挡风玻璃上书写了四个碗口大的血字：“还我河山”。他的鲜血与星辰相映，英名与日月同辉。

南京空战之后，我国空军损失良多，已经到了捉襟见肘的地步，富有实战经验的飞行员牺牲渐多，使得本来就薄弱的空军力量更加削弱。就在这紧要关头，日本方面认为只要占据了武汉，控制了中原大地，就能让中国尽快屈服。

1937年9月24日，日军空袭武汉，投下大量的炸弹。根据路透社记者的专电：“……日军第一次空袭就把五井庙一带变成了陈尸场，记者在街角处只站了10分钟，就看到120多具伤残的躯体抬过去。”

1938年2月18日，日本海军航空队从南京、芜湖两地机场出动27架飞机大编队轰炸武汉。华侨杨慎贤、黄新锐等人在大队长李桂丹的率领下升空击敌。在出征之前，李桂丹号召广大飞行员：“用来生再见的决心，一飞冲天杀尽日寇，以珍重今日之友谊。”

在接下来的空战中，广大飞行员抱着必死的决心，与敌人展开决斗。李桂丹创造了在12分钟内击落12架飞机的记录，最后壮烈牺牲。

华侨杨慎贤和队友一起创造了以2架飞机的代价，击落日本14架飞机的辉煌战绩，在与敌人缠斗的过程中壮烈牺牲。

美国华侨陈瑞钿指挥的第二分队遇上了强大的日军机群，他的飞机翼间的张弦被打掉了数根，于是抱着必死的决心指挥着几乎无法控制的座机向日机的尾部撞去，这架敌机立即坠落在汉口近郊。陈瑞钿几经挣扎之后脱离座舱在空中开伞，在梁家店附近着陆。有趣的是陈瑞钿竟然又找到了自己座机上的机枪，躺在医院里就向赶来的陈纳德申请一架新的战机，以便装上这挺机枪再去打日本鬼子。

这次空战是自中日开战以来击落敌机最多的一次，冯玉祥也在战后赋诗一首纪念这次空战：

……

尚有飞将因机伤，猛冲敌机同落地，

舍生成仁同归尽，壮烈牺牲鬼神泣。

合计打落二十一，残敌零星狼狈去。

万众欢腾大拍掌，庆我二次大胜利。

青年空军诸将士，赤胆神威真无比。

气概壮山河，百战皆胜利。

6月5日，在汉口市总商会礼堂，全市两万余市民为在武汉空战中牺牲的四位烈士举行了隆重的追悼大会，蒋介石亲书挽联：

搏斗太空，非成功即成仁，无负十年教训；

生死常事，惟为国不为己，永怀万古云霄。

自战事中心转移至长江以来，英勇的空军成了阻止敌舰西犯、保卫大武汉的主要力量。空军英勇的战斗意志和可歌可泣的牺牲精神，可以与碧流长空，永垂不朽！用自己的血肉铸成了保卫大武汉的长城。但由于正面战场寡不敌众，日军攻占了武汉的多处机场，为了减少损失，保存实力，10月24日，蒋介石下令放弃武汉防御，25日，武汉陷落。

抗战官兵

进入1938年之后，日本为了迅速实现灭亡中国的计划，连贯南北战场，决定以南京和济南为基地，兵分两路大肆进犯徐

中国空军远征日本本土

州，中国共投入60万人保卫徐州，中国空军也奉命策应地面部队的战斗。

5月20日，我军10架飞机突然遭到日本24架敌机的袭击，在这场惨烈的战役中，我军虽处于不利局面，但绝无退缩畏敌者，纷纷拼死杀敌。

华侨朱均球的座机被击中后，身负重伤跳伞，不幸落入敌阵被俘。他宁死不屈，与敌人抗争到底而壮烈殉国。他留有遗书一封，现转录如下，以示后人：

当兹日寇侵华，国难当头，民族垂危之际，窃思古人有云：国家兴亡，匹夫有责。我辈分属军人，抗战救亡，更加责无旁贷。设若苟且偷安，余生犹死，惟有为国捐躯，虽死犹生。是以吾乃抱有我无敌，有敌无我之志，为驱彼骄虏，还我河山而战。然而深知敌强我弱，必须随时准备牺牲。此去万一战死沙场，只祈祖父母及父母亲大人以大义为重，无须悲伤：万望珍重玉体，以期最后胜利于来日。碧芳务必善事堂上，为吾代孝；尤应教育振东，提携幼女，将来有益于人类也。此嘱。

虽然众将士英勇杀敌，但由于国民党内部存在派系之争，投入数十万大军之后仍被日军包抄，不得不主动撤离徐州。自此之后，中原大地暴露在日寇铁蹄的践踏之下，神州陆沉，百姓流离。

为了杀一杀日本的侵略气焰，振奋民众的士气，蒋介石一直十分关注对日空袭的计划，但以中国当时的空军力量，发动对日本的空袭几乎是天方夜谭。于是在宋美龄的建议之下，中国空军的任务变为飞抵日本上空，空投14万份传单。这次远征被称为“人道远征”。中国仅有的两架能够远征的马丁战机在徐焕升的率领下承担了这次几乎有去无回的任务，华侨刘荣光也在这飞行中担任领航任务。

1938年5月19日，徐焕升代表全体飞行人员发出一份电报：“职谨率全体出征人员，向最高领袖蒋委员长及诸位长官行敬礼，以示参与此项工作之荣幸，并誓以牺牲决心，尽最大努力，完成此非常之使命！”为吾中华，抗日救国，飞渡重洋，远征三岛。以吾神鹰，警告日寇，唤醒人民，制止战争成为他们的铮铮誓言。

1937年变为战场的上海市区

20日，远征人员飞抵日本熊本市，14万传单像白色的炸弹，纷纷飘向野蛮残暴的日本。传单是这样写的：

中日两国有同文同种、唇齿相依的亲密关系，应该互相合作，以维持亚洲乃至世界的自由和平，日本军阀发动的侵略战争，最后会使中日两国两败俱伤，希望日本国民唤醒军阀，放弃进一步侵略的迷梦，迅速撤回日本本土。

经过两个小时的飞行，八名远征人员顺利从长崎脱离日本领空出海。远征人员用自己的行动正告日本侵略者：但使我中华尚有只人匹马在，就不容倭寇在我神州上空造次！

这次人道远征意义重大，美国的《华盛顿邮报》称赞中国这次行动："中国报复日机之轰炸为散发传单，与日本之文明相较，实令日本无地自容。"周恩来也特地送来锦旗一面，称赞英勇的远征军"气吞三岛，威震九州！"

1938年10月，武汉会战结束之后，国民党迁入陪都重庆。日本下达了第241号大陆令："大本营企求确保占领地域，并促进其安定，以牢固的长期围攻态势，争取压制消灭残存的抗日势力。"接到上述命令后，日军加紧了对重庆的轰炸。中国空军展开了保卫大后方的浴血奋战，他们不畏强敌，视死如归，在能够投入战场的战斗机数目远远低于敌机的情况下，依旧义无反顾地以区区数机迎击数十架甚至上百架敌机。广大的华侨满腔爱国热血，展现了大无畏的英雄气概。

南洋华侨陈桂林、陈桂文兄弟在3年多的时间里，英勇杀敌，立下战功。1940年，在成都一次空战中，敌我力量悬殊，陈桂林拼死杀敌，为国献身。其父闻讯，含泪将其遗孀与孤儿接回马来亚抚养，并嘱咐陈桂文要继承兄长遗志，尽忠报国。后来，陈桂文在昆明的一次空战中英勇牺牲。父亲又将其遗孀和幼子接回抚养。空军总司令周至柔提笔为烈士写下挽词：

争荣誉于天空，血肉横飞，饮至策勋怀往烈；

奠山河还祖国，死生契阔，功成洒泪吊忠魂。

从1941年一直到二战结束，无论是打开报纸还是收听广播，我们绝不会错过对飞虎队的报道。诸葛亮在《心书•兵机》中说：“将能执兵之权，操兵之势，而临群下，譬如猛虎加之羽翼，而翱翔四海。”而飞虎队的建立的确让中国空军如虎添翼，中国的制空力量终于发生了质变。这支实力强悍的队伍中，95%都是爱国勇敢、性格不羁的华裔少年。

飞虎队队员刘华新在回忆回国参战的经历时说：“我觉得参战是我的责任，日本是中国的敌人，有需要我，我就做好的责任。我觉得这事应该做就做，没觉得光荣、英雄这类的。我不会这么想，事应该做，尽自己责任做。”

当时飞虎队成员居住在四川吴家坝的空军本部，他们在本部门口贴了一副对联：

贪生怕死就不要来，升官发财到别处去。

在飞虎队31次惊心动魄的空战中，队员们以5至20架可用的P-40型战斗机共击毁敌机217架，这个数量接近中国空军击毁日军战机总数568架的近一半，而飞虎队自己仅损失了14架战机，飞行员牺牲5名，被俘1名。飞虎队老兵彭嘉衡提及当年的战友时，满怀深情地说当年大家为了救国，吃苦受累也毫无怨言。

1942年滇缅公路中断之后，驼峰航线成为中国获取外部援助的唯一通道。复杂的地形、恶劣的天气、狂风暴雨，这一切都让驼峰航线成为飞行难度最大的航线。

从1942年开航起，到1944年情况改善之前，驼峰飞行员们总是一天工作16个小时，经常一天飞三个来回。无论前方机场多么简陋，也不得不冒险着陆。为了赶时间，至多休息1个小时，待货物卸载完毕后，便又匆匆踏上归程。空运大队指挥官爱德华·亚历山大曾就此说：“飞机不需睡觉！”

非但如此，他们还夜以继日地飞行，即使夜间也照飞不误，一年到头都是如此，气候恶劣到用飞行员的俚语说“连鸟都不能飞”的时候才休息一下。

驼峰飞行员们也付出了重大牺牲，仅以1944年1月为例，每运1000吨货物就要付出3名飞行员的生命。对于这一切飞行员们一清二楚，但他们随时准备一去不复返，谁都没有把这些放在心上，每次执行任务时，没有人会产生提心吊胆或走向死亡的悲壮心情，总是带着平静的心情登机出发，回来时也不会有什么喜庆生还的喜悦心情。当然这并非心理上对死亡的麻木，而是觉得堂堂男子汉不能贪生怕死、而让别人去赴汤蹈火。正是因为这样的英雄气概，他们在世界屋脊为战胜日本侵略者谱写了壮丽的篇章。

抗战期间，中国空军牺牲6164人，其中四分之三为华侨，他们放弃国外安逸的生活，归国效力，与祖国同胞一起抗击日本侵略者。他们在阵前英勇杀敌，功成之后淡泊名利。“生死不足惜，但愿祖国兴”正是他们的人格写照，从来征战无归日，两翼斑斑血染红，广大华侨以弱击强，实为壮举；舍生取义，实为忠勇。海外播英名，义气排云，争显龙城飞将勇；天空奋神武，粉身报国，何须马革裹尸还。他们的赫赫战功，祖国人民将铭记于心。

胡马纵横驰沙场的华侨女英雄

生逢乱世历风霜，铁马冰河为救亡。
玉手纤纤枪杆握，丹心烁烁我旗扬。
豪情万里驱倭寇，功德千秋忆羽裳。
壁碎山河铭国耻，汗青巾帼字生香。

——《七律·纪念抗战女英雄》

当日寇蹂躏疆土、荼毒生灵的时候，海外华侨和国内同胞手挽手，肩并肩，同仇敌忾，共赴国难。

“九一八事变”以后，波澜壮阔的抗日救亡运动席卷海外华侨社会，其规模之大、范围之广、人数之众、时间之长、力量之强、影响之巨，可谓前所未有。中华民族不可侮，誓死不当亡国奴，这是海外华侨的共同心声。维护国家独立和民族解放的热情如万钧雷霆，响彻云天。其中涌现出许多华侨女英雄，她们用自己的行动证明了什么叫作“若使英雄今长在，巾帼不让须眉颜”。

二十世纪二三十年代，就在世界战争硝烟四起，神州大地惨遭日本铁蹄蹂躏之时，就在中国女子上街骑自行车都会遭人哂笑之时，就在十里洋场的名媛还沉浸在灯红酒绿的奢靡生活之中，商女不知亡国恨之时，有一位英姿飒爽的爱国华侨冲破禁忌，以超乎寻常的胆略振翅而上，成为中国第一代女飞行家。她在日本侵华期间，在北美和南美进行大量的飞行表演，募捐抗日资金，赈济难民；到处巡回演讲，告诉西方世界中华儿女强烈的抗日爱国之心。她就是一生都充满传奇的天之骄女——华侨李霞卿。

中国第一代女飞行员李霞卿

李霞卿于1912年出生在一个具有革命传统的商人家庭，幼年时期曾跟随父亲游历欧洲，熟稔英语和法语，14岁时在父亲办的上海新民影片公司出演第一部影片《玉洁冰清》，就连当时在大上海红噪一时的影星蝴蝶也不禁惊呼：“上海人民大饱眼福，天上掉下个林妹妹来了。”正当人们认为李霞卿将要在影视圈大展拳脚之际，她却从银幕上消失了。

1931年“九一八事变”之后，国土沦丧，生民涂炭，日本的飞机整日在神州上空来去自如，国民政府深感痛心，蒋介石提出了“没有空防就没有国防”的口号，号召中华儿女投身航空事业。

正是在这样的背景下，李霞卿怀着“莫道闺中无豪杰，一飞直上九重天”的雄心壮志前往日内瓦学习航行。入学考试时监考官问：“漂亮的女士，你如此美貌，为什么选择飞行？”

李霞卿答：“因为在一般人观念里，飞行是男人的事，似乎与女人无缘，我就是想做女人不大做的事。”

监考官大感兴趣：“据说在你们的国家，女人的脚都是残疾变形的？”

李霞卿掷地有声地回答：“我来到这里，就是让世界知道，中国女性不但能在地上走，而且能在天上飞。”

正是在这种精神的鼓舞下，一年之后她以全优的成绩毕业于科康塔纳飞行学校，不久之后，她又前往美国深造。一位美国记者记录了她在美国狂热学习的场景：“她将头轻轻地靠在一只枕垫上，只见她有一双大而聪慧的眼，一对柳叶眉，一头乌黑的秀发，很难想象就是那双美目要数小时紧盯着飞机的仪表盘，而那双精心涂抹了极品指甲油的纤纤玉手曾经沾满油污，更加不可思议。她勤勉地学习气象学、机械学、导航学等各类复杂课程，脱掉丝绸做的礼服，换上了沾满油污的工作服，每天早上6点起床去上课，而不是在中午。”因为成绩斐然，教官们都称她为“东方的蜻蜓”。

1936年，李霞卿怀着满腔报国热情回到上海。

1937年8月13日，淞沪会战爆发，李霞卿多次请求上战场杀敌，只望能雪耻长空，但多次请求都被驳回。鉴于当时救护药物紧缺，李霞卿在宋美龄的支持下，开始了她在美国的“天下兴亡，匹妇有责”的爱国募捐飞行之旅。

1939年的旧金山碧空万里，一架橙红色的单翼机像一条矫健的火龙出现在蓝天之上，李霞卿手持白色缎带，凌空做着各种令人目眩心悸的惊险动作。在飞旋一周之后，这架被命名为“新中国精神”的飞机缓缓落地，这位秀丽的女子在高高的舷梯上向人潮涌动的人群发表了令人刻骨铭心的演讲：

我亲爱的骨肉同胞，亲爱的美国朋友们，多蒙你们隆情厚意，感佩难忘。现在中国正受蹂躏，中国人民正在战火血泊中挣扎。国难当头，应急图拯救，小妹环飞美洲宣传抗日，征求募捐，效力疆场，以尽匹妇救国之责！

机场上的所有人都被这位东方女子的牺牲精神感动不已。随后她又环飞美国数十座城市，在美国掀起了一股“李霞卿热”，曾创下了一小时之内募捐4万元的记录。

1940年，李霞卿又飞赴南美和加勒比海地区，宣传祖国的抗战和进行募捐。秘鲁航空部长感念她的义举，亲自前往观看并赠予她一枚金质徽章。为了表示对她的敬意，秘鲁政府还安排她下榻在国宾馆。李霞卿却拒绝了，她表示：“我只是一个普通的中国人，为祖国人民的抗日募捐而来，我的同胞正在敌人的炮火下挣扎，我实在无颜享受这种待遇，能否将今晚的住宿费折算给我充当募捐款，我深表谢意。”李霞卿的爱国之举赢得了现场的阵阵掌声。

美国《远东》杂志的记者曾对她进行过专访，问她驾机独自远行是否冒险，她回答道：

我国人民永远有坚强的勇气保卫祖国，祖国的利益高于一切，面对侵略，中国为了图存，我们正在忍受苦难！

所有的中国人，不论在国内或在世界各地，为了祖国，是很少想到危险的。在抗战的紧要关头，李霞卿的募捐不仅解了祖国的燃眉之急，更为重要的是，她向世界人民展现了中国人民坚定的抗日信念，使中国的抗战得到广泛的同情和支持。一位美国的银行家这样赞扬她：“你为了我们的共同事业的出色工作，应当受到我们所有同盟国人民的高度赞誉。”

抗战八年，李霞卿一直为中国的抗战奔波劳累，日本投降之后，她洗尽荣光回归平凡生活，如今昔人已乘黄鹤去，当大家仰望星空之时，是否还能忆起烽火连天岁月中，碧海蓝天上的那一抹亮丽的色彩呢？

受到“地不分东西南北，人不分男女老幼”的号召，抗战时期的巾帼英雄们不仅能鹰击长空，也能纵横胡马，真可谓是万类霜天竞自由。

桑干河水为之垂泪，洪涛山脉为之静穆。在平鲁区烈士陵园矗立着一座手持快枪、驰马奔腾的雕像，这就是抗日华侨女英雄李林。

李林于1915年出生在福建闽侯县一个商人家庭，幼年时期跟随父亲侨居印尼，14岁时抱着“学习本事，振兴中华”的愿望随母亲返回祖国。“九一八事变”之后，她以秋瑾为榜样，立下了“好将十万头颅血，一洗腥膻祖国尘”的宏愿，成为学校中的怪杰；在上海爱国女中读书时，恰逢淞沪会战爆发，英勇抗战的十九路军寡不敌众，上海的大街小巷插满了日本国旗，故国沦丧。在《读木兰辞有感》一文中，她挥笔写下“木兰替父赴战场，红妆挥戈胜儿郎，卫国何须分男女，我以我血荐炎黄”以寄豪情。

1936年3月8日，何香凝在上海向全市市民发起号召：“东北沦丧，华北割裂，凡我神裔，莫不痛愤！目前已经不只是救国

山西阳泉娘子关

了，而应该是救亡了！全体女同胞们，我们应与男子并肩作战，奋起反抗日本侵略者！”李林听后心潮澎湃，久久不能平复。在北平营救七君子的游行中，她手持红旗走到了队伍前面，从未有过的激情涌上心头，情不自禁地唱起了《救国军歌》：

枪口对外，齐步前进！

不伤老百姓，不打自己人！

我们是铁的队伍，我们是铁的心。

维护中华民族，永做自由人！

民族英雄李林

枪口对外，齐步前进！

维护中华民族，永做自由人！

这次游行之后，她成为一名光荣的共产党员。1936年11月，李林受党组织的派遣，前往山西太原。当车子经过娘子关时，李林突然觉得豪情万丈。有多少闺中女子经过这座崇山峻岭中的雄关而走出另一片天地啊！

李林怀古思今，突然萌生了纵马持枪杀敌的念头。到了太原之后，她加入了军政训练班，在这里，她练就了手持双枪、百步穿杨的本领，队长刘华香亲自为她挑选了一匹骏马，实现了她长久以来的愿望。这匹战马从此成为李林的亲密战友，在雁北的战场上，曾让敌人闻风丧胆。李林还亲自写了一首《我亲爱的战马》，表达自己当时的心情：

我心爱的战马，当黄色的风沙吹起，

在沙滩上，我的战马快如飞。

飞过山岳，飞过平川，

风啊，我和你比一比，

敌寇的血，染红了我的马蹄，

敌寇的头，滚在我马的脚底。

就在李林万事俱备，准备大展拳脚之际，卢沟桥事变爆发，平津危急！华北危机！中华民族危急！李林热血沸腾，坚决要求赶赴雁北前线。大同这时候岌岌可危，笼罩在日军的轰炸之下。李林晚上点着煤油灯连夜赶写传单，白天便冒着敌人的炮火散发传单，引起了敌人的恐慌。

一天，李林接到了一封恐吓信，只见上面写道："如再妖言惑众，破坏中日邦交，尔等性命不保，勿谓言之不预也！"但李林毫无惧色，将恐吓信付之一炬，在巨大的压力下，把自己的工作安排得井井有条。

1937年9月12日，太原陷落，李林主张开往雁北开展敌后游击，坚决反对退回太原的论调，她说："我们来这里干什么，就是要打鬼子，与雁北人民共存亡，共患难，日本帝国主义一天不消灭，我们就一天不离开雁北！"但从大局出发，李林只得服从命令。

车子经过雁门关时，她心中涌起了思古幽情，想当年金戈铁马何等气派，现在雄峙了几千年的雄关就这样惨遭日寇践踏。李林想到此便义愤难平。

正当她苦于报国无门的时候，遇到了三个前往雁北开辟敌后根据地的同志，李林和他们一拍即合。但他们考虑到李林是一介女流，要求她留在雁门关。李林心中颇为不服，据理力争："天下兴亡，匹妇有责！日本鬼子打到家门口了！我们怎么办？当亡国奴吗？我誓死不当亡国奴，大敌当前，收复大好河山，只能靠我们自己，我们一定要建立自己的武装！到敌后展开游击战争……”就这样，李林又回到了她心心念念的雁北前线。

在李林身体力行的号召下，雁北抗日游击队第八支队很快就组建起来，她自己任政治部主任，从此，李林杰出的军事才能在战场上得以充分发挥。

1938年3月，游击队第八支队与号称“草原枭雄”的汉奸李守信部队偶遇。初次上阵的李林勇猛冲杀，大败敌军，但游击队最后也被打散。

这次战斗之后，李林冒着被出卖的危险，四处寻找战友，终于重建队伍。同年5月，李林受命率军北上。她组织队伍突袭击溃日军的骑兵中队，并缴获100匹战马。从此，“女游击队长”在雁北声名鹊起。

在攻打大同的战役中，李林学习南北朝名将陈庆之长途奔袭的案例，半小时内重创日军，威震敌胆。日军长官无奈地称她为“顽皮女太君”，还出重金悬赏其头颅：无论死活，李林体重有多重，就赏银元多重！李林就此威名远播。

1940年1月，贺龙将军亲自接见了李林，对她的勇敢精神和领导才能表示激赏：“一个女同志，一个来自大城市的知识分子，一个归国华侨，能带领士兵们纵横长城内外，大战日本鬼子，打出威风，打出气势，这很不简单！”贺龙亲切地称她为“我们的女英雄”。李林回答道：“在南洋，我们受尽了海外孤儿的屈辱，渴望祖国强大起来，好做我们华侨的靠山。我早已下定决心：甘愿征战血染衣，不平倭寇誓不休！现在祖国正值危难之际，需要炎黄子孙贡献自己的力量，我早已将生死置之度外！”拳拳赤子之心，由此可见一斑。

不久之后，李林所在的平鲁就遭到敌人的大举围剿，已经有三个月身孕的李林主动请缨，率领一个骑兵连负责掩护主力撤退，她号召广大同志：“我们的任务就是把敌人的火力吸引过来，让主力朝相反的方向突围，同志们，成功成仁在此一举！”

敌人发现骑兵连冲上来，马上利用优势火力堵截，经过一番苦战之后，骑兵连只剩下了六名战士。李林担心敌人的主力并没有被引诱过来，毫无惧色地率领六名战士冲入敌阵。李林扬鞭策马，勇往直前。突然，一发炮弹在她坐骑周围爆炸，百战百胜的战马应声倒地，李林也负伤落马。鬼子们喜出望外，大队人马立刻围堵上来，李林虽然腹部和臂部都已中弹，但她早已将自己的生死置之度外，一门心思多打几个敌人。在打死5个敌人之后，李林只剩下了一颗子弹，她艰难地举起手枪指向自己的喉部，生命定格在25岁。

策马千里路，独行月明中。烽烟未定回首起长弓，一曲战

陈嘉庚

歌引得四方云动。古代木兰凯旋而归，今之木兰战死沙场，日寇尚在故国凌虐，英雄却出师未捷身先死，但正是她撑起了中华民族的脊梁，人人都似李林，何愁日寇不灭？

50年后，香港集美校友会主席施学概先生在厦门“李林园”落成典礼大会上，谨奉心香一瓣，赋七律一首：

都为国难与家仇，直教红妆恨不休。
碧血何妨流万里，英魂定要壮千秋。
铸成伟迹供凭吊，建得名园任恣游。
马上英辉迎日发，无端热泪涌双眸。

淡看烽烟过，大雁宿长空。追寻前尘往事，江山如此多娇，任后人笑论峥嵘。天才女作家萧红曾说：“我一生最大的痛苦和不幸却是因为我是个女人！”这不只是她个人的愁闷，而是那个烽火连三月的年代中，所有中国女性的愁闷！但在全民族奋起抗战的氛围中，她们以弱肩和纤手承担道义和责任，让一向狂妄不可一世的男子们都瞠乎其后，望尘莫及！一批爱国华侨女性可以说起到了很好的带头作用，“寄意寒星荃不察，我以我血荐轩辕”正是她们的人格写照，在国家民族危亡之际，她们的勇毅和自信令人敬佩。

陈嘉庚发表抗日演说

抗日名将马占山

慷慨输将、毁家纾难的美洲华侨

我海外侨胞，既未能执干戈以卫社稷，则对情同纳税之义捐，尤应竭力输将，以尽国民之职责。

——邝炳舜

1848年，一位名为詹姆斯·马歇尔的锯木工人像往常一样定期清理锯木厂的水道，却意外地发现一块亮晶晶的石头，这就是被印加人称为“太阳的汗珠”的黄金。骤然间加州失去了往日的宁静，人们从四面八方赶来加入这股淘金热。而当时的中国，刚被第一次鸦片战争的炮声惊醒，对于内陆的人们来说，美国是一个甚至在睡梦中都不会出现的幻影，但对于东南沿海的人们来说，传教士的到来早就在他们眼前展示了另一片天空。当时在广州流传着这样的歌谣：“燕鹊喜，贺新年，爹爹去金山赚钱，赚得金银成万两，返来起屋兼买田。”

美国的黄金梦就这样插上翅膀，穿越北太平洋无边的波涛，飞到遥远的南中国大陆。他们不畏艰辛，离开了那片生于斯、长于斯的故土，跨越重洋来到美国。这方上帝之城见证了他们金山寻梦的艰苦历程，这方上帝之城也目睹了他们支援革命、共赴国难的拳拳之心。

1931年9月18日，日军发动了蓄谋已久的九一八事变，由于东北军奉行不抵抗政策，在短短四个月的时间内，东北大片土地沦落敌手。

中华大地狼烟滚滚，生灵涂炭。祖国的隆隆炮声让海外侨胞再也不能置身事外。美国旧金山中华会馆接连向国内发出三封电报，希望国民政府能够“息内争，御外侮，以挽救危急”，并且表示：“日寇侵华，神人共愤，请统率全国军民，抗战到底，侨等誓为后盾！”美洲侨胞纷纷走上街头进行抗日募捐，“为了保卫我们的国家，前线的弟兄们正在出生入死地拼他们的性命，将士流汗流血，侨胞出力出财，才能共筑血肉新长城！”

这些壮怀激烈的标语让侨胞们热血沸腾，他们纷纷献出自己的力量。

美洲有一对新婚夫妇，不愿在国难当头之际铺张办喜事，将筹办婚礼的3000美金寄回国内，并附信说明：“日寇披猖，举国同愤，捐款抗战，义不容辞！我们将自备婚礼费用汇上，

陈嘉庚与集美中学学生

以作抗战军需，聊表国民天职。”

还有一位年过古稀的老华侨，闻说要捐款抗战救国，马上将自己数十年的积蓄全数奉上，友人力加劝阻，他慨然回答道：“我老了行将就土，能够以区区微金，贡献祖国，实是无上之光荣，死可瞑目矣！”

当时有华侨的地方，就回响着这首歌：

你一毛，我一毛，涓涓滴滴，集成江河，变成怒潮。
只要你有多少捐多少，寄到前方去，买子弹买枪炮。
赶走强盗，到那时扬眉吐气誓把中国保。

美洲华侨同时在纽约、洛杉矶、芝加哥和三藩市等城市召开了支援祖国抗战募集大会，生活在这里的两万多华侨还纷纷走上街头，他们手举着标语牌，上面写着：

反对战争！反对侵略！日本人从中国滚出去！
日军是世界上最野蛮最残暴的军队！
反人类的日本军队滚出中国！
全世界华人团结起来，反对日本侵略中国！

几十个华人年轻女子拉着一面巨大的青天白日旗一路行

来，她们高喊着："打倒日本帝国主义！支援祖国抗战！把日军赶出中国！"

爱国侨领邝炳舜走到台上，向参加游行的华侨发表慷慨激昂的演讲："同胞们，人类在进步，社会在发展，那种靠武力来进行国土扩张的政策已为世人鄙弃，日本军国主义道路必将穷途末路，中华民族不会被征服，沉寂多年的东方巨龙正在苏醒，穷兵黩武的大和民族终将遭到中华民族最严厉的惩罚，伟大的中华民族将告诉所有人，创造五千年灿烂文明的华夏民族是人类和平与文明发展不可或缺的力量。中华民族万岁！中国万岁！"

广大的侨胞，不管是垂髫儿童，还是白发老人，都纷纷出资出力。不仅如此，广大华侨还劝家里人厉行节俭，以资军用。一位华侨在给妻子的信中这样写道：

亲爱的，你如有便，那三百元，我要按作一年家费，因为在此抗敌时期，除起捐助战费外，生活要力求简单，所以那数目并不大。

1931年11月，日军大举向江桥进犯，马占山率军奋起抵抗，抱着"宁为中华鬼，不做亡国奴"的决心，决定死守江桥，美洲华侨士气大振，向马占山发去慰问电：

此次暴日，侵我黑省，举国同愤，马占山将军保土卫民，孤军血战，忠勇义烈，扬我中华，钦佩慕名，继续奋斗，收复土地，还我河山。

美洲华侨在一日之内就筹集了20万元作为抗日之资。1932年1月28日，日军进犯上海，十九路军将领蔡廷锴决心抗击日寇，誓死保卫上海。他通电全国表示："职等为国家人格计，如该寇来犯，决在上海附近抵抗。即使牺牲全军，亦非所顾。"

美国侨领司徒美堂决意全力支持十九路军的抗战，迅速成立洪门筹饷机构进行募捐，十九路军共收到侨胞筹集的45万美元。

在经过33个昼夜的激战之后，全军将士在弹尽无援的情况下无奈退出上海。美洲华侨力邀蔡廷锴来美，在蔡廷锴到达纽约码头时，他惊奇地发现，侨胞们手持鲜花，欢迎这位来自祖国的抗日英雄。

当然，在一片欢呼声中潜藏着巨大的危机。日本间谍仇视蔡廷锴的抗日行动，想要将他置之死地而后快。司徒美堂亲自负责保护蔡廷锴的安危，时刻不离其左右，并且在报纸上发表声明："谁要胆敢伤害蔡廷锴先生，我们就将其剁成肉酱！"在广大侨胞爱国热情的鼓励下，蔡廷锴当下表示："任劳任怨负责不辞，让功让贤成功可期。"

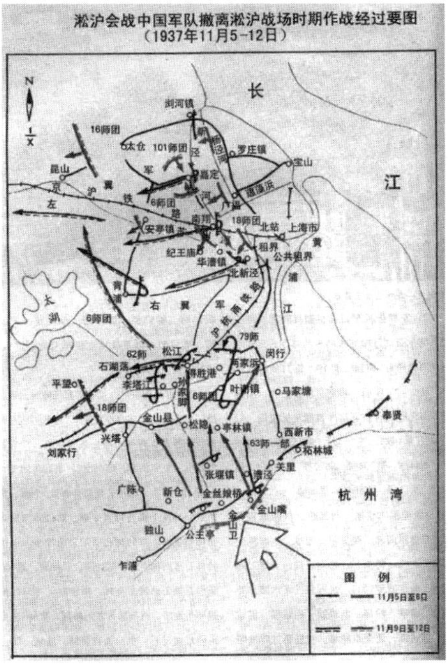

淞沪会战中国军队撤离淞沪战场时期作战经过要图

在日寇践踏我国土之际，美洲侨胞在后方掀起了一场轰轰烈烈的抵制日货运动。

广大侨胞都认为，在民族危亡之时，“替日寇销一文钱的货，无异于帮助日寇一文钱去制造军火，杀我同胞，攻我祖国！现在一看到日货，立刻想到枪弹，眼前立刻浮现日本轰炸中国、生灵涂炭的悲惨场景。”因此在侨胞的商场上流行着这样一句话：“贩卖日货不仅耻辱而且罪恶！”

不仅如此，侨胞还奉劝家人务要使用国货，1932年，一位华侨在寄往家中的书信中提到：

……目下海外同胞不顾一切艰难，惟有救国之心，难免弃家捐款，无不为是。除先捐之外，仍要继续行为。有工做者，按日月入息捐去为饷，至杀尽日本仔为限。还有决语“国家兴亡，匹夫有责”“宁可家亡，妻子可无，而中华民国不可亡，地方不可失，须知有国方可言家”“万心一德，誓杀日奴”。教子及孙，永不用日货，不食劣货，读此壮语，其爱国之心足胜于国内人多矣！而还能减衣缩食，务要积款救国为先，其对妻子必无余力理也。愿我同胞自此维新，奋而做活，各担其责，策无上之。

1937年12月，随着南京的陷落，大半个中国都已经在日寇的铁蹄之下，国民政府迁都重庆。

1938年春，一个重雾弥漫的上午，巴西圣保罗刚成立不久的中华会馆的大厅里，早已被来自美洲各地的侨胞挤得水泄不通。人们严肃得像刻板一样，整个大厅鸦雀无声，阒寂异常。沉默！可怕的沉默！在这沉默的底下已经看到一座将要爆发的火山的影子。

“同胞们，我们是中国人，是炎黄子孙！”一个坚定有力，非常洪亮的声音，像惊雷一样，炸碎了这个沉默已久的氛围。

我们是中国人！

国家兴亡，匹夫有责，国家的存亡，就是华侨的存亡！

宁可为祖国献身，也不愿看着祖国沦亡而偷生！

随着这阵阵怒吼，为了挽救民族危亡，保卫祖国，一批批华侨青年，告别朝夕相处的亲人，离开温暖的家庭，带着万千华侨同胞的重托，回到战火纷飞的祖国，参加神圣的抗战。一位青年华侨徐香进在给父母的信中这样写道：

日寇占我东北三省，又欲侵天津、上海等处，我国四万万同胞岂勿立足无地矣！我们是一个国民份子，乃肯坐视待毙？男同人等，誓为倭奴战死沙场鬼，不坐守等做亡国奴。古云：

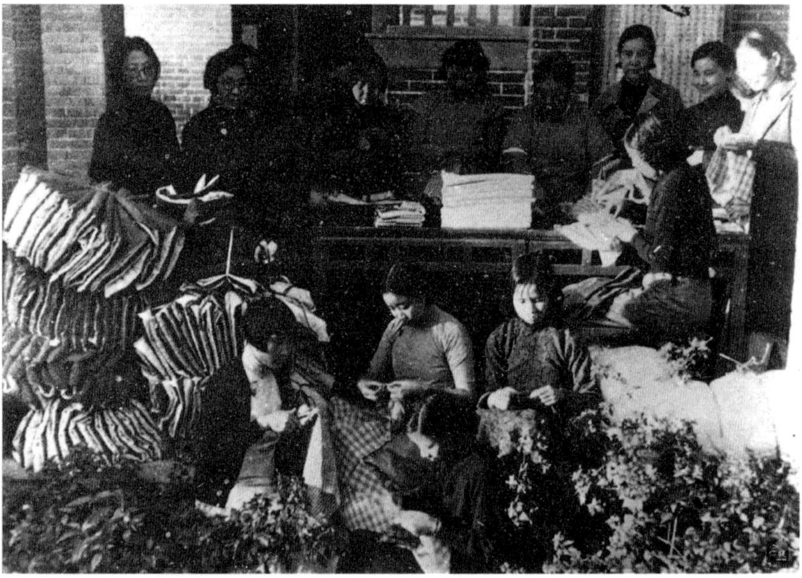

后方妇女为前线战士缝制衣物

为国亡（忘）家之道至急。国难临头，全国同胞共赴国难焉。男等一人不能孝到双亲之处，请勿罪为荷。

美洲各地出现了父送子、妻送夫、兄弟相争回国参战的感人场面。一位老华侨送自己的儿子回国参战，并赠书鼓励：

我老矣，恨不能效命疆场，尚望吾儿置父母身家于度外，身先士卒，努力扫荡日寇，使我得见中国之胜利，安然瞑目以终年！则汝之忠可全，而孝亦大矣。

南美华侨诗人陈芦荻为了表明自己弃笔从戎的决心，写下一首《我是海燕》的诗：

我是海燕！
我要在暴雨中飞翔。
放下我的笔杆、书本，
跑上前方！
我要在血泊中孕育，
在炮火中成长。

难能可贵的是，还有许多华侨女青年踊跃报名，回国参战。她们纷纷立下誓言："我们已经决心为祖国效劳，为祖国牺牲，不愿再过苟且偷生的生活，虽然我们是经验缺乏的女子，工作能力或许不够，知识浅薄，但我们有颗赤诚之心，我们愿将这颗心献给祖国，献给在前线浴血奋战的英勇战士和流离失所的难民。"这些激励人心的话都引起了广大华侨的共鸣，他们纷纷回国参战，尤以航空救国为甚。

1895年，12岁的冯如离开家乡来到美国，1909年，这个从小喜欢风筝的少年让第一架由中国自主设计制造的飞机翱翔在天空。被誉为"东方莱特"的冯如拒绝了美国的高薪聘请，携带两架飞机回到祖国，以实现"中国之强，则空中全用飞机，如水中全用轮船"的理想。1912年，冯如在做飞行表演时不幸坠机身亡，这位壮志未酬的中国飞行之父在弥留之际嘱咐道："吾死后，尔等勿因吾毙而阻其进取心，须知此为必有之阶级。"

蒋介石也将航空救国作为最高的事业，他在航空训词中提到：

现在要救我们的国家，唯一可靠的力量就是空军。因为中国的陆军海军在最近几年之内，无论如何练，都比不上人家。我们若要海陆军与人家并驾齐驱，至少也要二三十年的功夫；而且当我们前进的时候，人家同时也在前进，一定要我们的进步比他快，然后才能赶得上！所以要靠陆军海军来救国家，现在已来不及。只有在陆军海军之外，注重空军，只要我们能加倍的努力，空军总是可以赶得上人家的！譬如某国的空军，战斗员还只有400人，如照我们的计划，四年之后一定可以赶上，但有个条件，就是我们必须加倍的努力。如果能加倍努力，四年以后，即可与彼方抗衡。所以，空军是救国唯一的力量。

“九一八事变”爆发之后，美国俄勒冈州波特兰的华侨紧急商讨如何救国，10月10日成立了美洲华侨航空救国会，11月成立美洲航空学校。同时发布文告称：

祖国不幸，倭寇压境，淞沪会战，虽告停息，东北山河，尚在破碎。读三省同胞迭次血泪书成之通电，呼天唤地，惨不忍闻。呜呼！谁非轩辕后裔，而不思有以拯救之乎？……誓以铁血头颅与日寇对抗……默审我国防空能力之薄弱，深悉今日抗敌救国之要图，厥为训练航空人才，购置飞机，以充实空军战斗力。虽然，吾人固知该行等抱救国之宏愿者，今兹死别，当必无憾。惟吾侪后死侨胞，翘首故国，山河未复，壮士赴难，安忍偷生，爰本长期抵抗，人人抵抗之义，踏着先烈血迹，再接再厉。

航校为祖国培养了许多英才，在前辈和领袖的鼓舞下，他们纷纷投身航空事业。先后有200多名华侨回国参战，他们用自己的英姿为后来人指引着祖国河山的方向。有人说近代中国的航空史就是华侨的抗日救国史。

陈瑞钿出生于美国的波特兰市，年少时就抱有航空报国的理想，日军入侵之后，他就回国参战，参加的首次战斗就是震惊中外的“八一四空战”，在这次空战中，陈瑞钿作战果敢勇毅，击落日寇飞机一架。从1937年到1939年，陈瑞钿一共击落敌机8架，立下了赫赫战功，被人们誉为“敌航空人员所最害怕的一个中国飞行员”。1939年，陈瑞钿和其他两位战友遭遇十几架飞机的围攻，在激战中，陈瑞钿的飞机被击中着火，陈瑞钿虽跳伞成功，但却大面积烧伤，那张代表中国空军的英俊潇洒的脸从此一去不复返了。但为了继续为中国的空战奉献力量，在伤愈之后，他毅然决然地回到战场。他的妻子十分不解他的行为，竟然和他离婚。在回到祖国之后，陈瑞钿的身体条件已经不能效命疆场，他又参与抗战物资的运输，直至抗战胜利。当记者询问他问什么宁可抛弃妻子也要回到祖国的时候，他只是淡淡地回答：“祖国在召唤我！”

从美洲航校出身的还有加拿大归侨关孟祝。1933年，关孟祝驾机空中警戒，值班巡逻，到时交班，着陆休息。突然，警报忽起，敌机来侵，关孟祝年轻气盛，义愤填膺，不顾疲劳，锐意杀敌，尽管当时中国空军持久作战，损失颇大，但关孟祝

被日军轰炸后的长沙

毫无惧色，他表示："就算是同归于尽，我也要把敌机撞下来！"在随后的粤北空战中，他与战友黄之波视死如归，被敌人猛烈的炮火击中，就此成仁取义，为国牺牲。是时广东空军总司令部秘书长关柳亭撰挽联曰：

有生必有死，死亦何妨，况两君本鲁汪绮不殇决心，自捐躯壳，力卫黎元，是奇男子六度善行，实足与日争光，安得论片时成败。

尚武胜尚文，文为之用，望大家凛齐襄公复仇大义，饮至东京，铭功富士，令飞将军九泉含笑，岂能任江山改色，尽沦为异族囚奴。

值得一提的是，这所航校也培养了不少女飞行员，秋瑾之女王灿芝就毕业于这所航校。王灿芝在空军中知名度很高，但她常常感到志向未竟，才华不能全部报效国家，故向周围人大声疾呼：

慨内讧不息，外侮频侵，列强争霸于空中，恣威权于海外，惟望高热奋勇直追，当仁不让，雪神州之耻，而慰先总理暨先烈在天之灵，则幸甚矣！

九一八事变时的日本军队

虽然未能实现杀敌报国的宏愿，但其报国之心值得人们敬佩。

早在“九一八事变”爆发之前，美洲的华侨就已经共赴国难，他们曾被孙中山先生称为“革命之母”，作为祖国的海外浪子，面对祖国的危难，他们不仅没有选择置身事外，反而积极地投身于这场神圣的事业。他们的慷慨输将承担了祖国近三分之一的军费，他们的义无反顾成就了一段段可歌可泣的传奇，他们的赤子丹心重新燃起了民族生存的希望。“天东扶木三千丈，一片丹心似许长”，正是他们的人格象征。

以笔为剑，战而不屈的华侨

祖国在心上，何谈身异邦。

文章助抗战，身死亦无妨。

落红且沃土，侨居更思乡。

海外月可鉴，赤子一衷肠。

20世纪30年代是一个喧嚣的年代，世界如此，中国也如此。人们还没有忘记那场席卷世界的经济危机带来的灾难时，趁乱而起的法西斯主义又让战争的阴云笼罩着整个地球。

面对日本的侵略，广大华侨纷纷捐款捐物，回国抗战，和国内的同胞同仇敌忾。但还有一群人，虽然他们没有与敌寇在战场上真刀真枪地拼杀，但他们悲愤于国土沦丧，强敌入侵，痛恨于自己不能效命疆场杀敌报国，只能以笔为剑，试图以此来改变国运，在战争的氤氲中，他们就像一道照耀天空的光亮，鼓舞了国

卢沟桥上的抗日战士

人抗战的信心和勇气。70多年后，虽然战争的尘埃早已落定，但他们的功绩全部镌刻在中华民族八年血战卫国的丰碑上。

啊！诗歌！他是我童年的伴侣，是我少年的情人，是我生命里的力和热，是我血脉里跳动的脉息，是我精髓里新的细胞。

我有一个最坚决的信念，我相信我如果能够回到祖国的原野，躺到祖国的怀抱里，呼吸一口从北方卷来的朔风，用故乡梅花上的雪水洗洗眼睛，听几个少年朋友从炮火里斗争出来的故事，看一看在游击队里锻炼出来的弟兄，我一定能够再发出我那沙哑之声，和着健儿们前进的军乐，我一定能够再提起我的秃笔，配合着战士们对着敌人的枪杆。

我永远和诗歌结下不解之缘。诗歌啊！我是你的忠贞伴侣！

面对日寇的铁蹄对故土的蹂躏，南洋才女刘莹姿记录着时代的风雨，尘世的艰辛，也表露出自己对祖国的赤诚，对侵略者的仇恨。

二十世纪三十年代，刘莹姿虽远在南洋，但时刻牵挂着苦难中的祖国，她那热情洋溢的诗篇，篇篇都是对侵略者的痛斥，字字都是明显的爱憎。

1931年，日本发动“九一八事变”，在短短四个月的时间内，东北大片土地被掠夺吞噬。刘莹姿不由得为东北“三千万民众水火中”而痛心，在这篇诗歌的后记中，她悲愤地写道：

我做诗就等于偿债，偿我自己催逼自己的债。每逢一件事压迫着我的心，尤其想到祖国的灾难，我便坐立不安……

在南洋漂泊的7年，是刘莹姿为抗战积极奔走的7年，她将自己比喻成一棵营养不良的树，但一定要挺直腰杆，接受暴风雨的洗礼。她积极地上街募款、唱歌，做抗日宣传，唤起马来亚华侨同胞的觉醒，希望他们能积极捐款，支援祖国的抗战。她在《你们不要躲藏在后方》中写道：

躲藏在后方，观望的有钱人，早觉醒，解义囊，救国救自己！海外侨胞齐奋起，出款出力莫迟疑！

她的行动在南洋侨胞中引起了巨大的反响，许多华侨青年正是在她的号召下走上街头进行抗日募捐和宣传，他们为祖国的抗战事业作出了突出的贡献。

在东北沦丧日寇之手后，侵略者并没有停止贪婪的脚步。到1936年，几乎整个华北地区也惨遭蹂躏。刘莹姿闻讯心中悲愤万分，她写下了《愤怒的黄河》痛斥日本对祖国的践踏，对祖国的拳拳之心浸透纸背。

Chinese March at War's Anniversary

The parade of Washington's 700 Chinese as it came up H street N.W. this morning.

DISTRICT CHINESE PARADE FOR UNITY

STAR JUL 7 1938

Most of 700 in D. C. March to War Anniversary Observance.

Most of Washington's 700 Chinese, men, women and children, paraded from the center of Chinatown today to Mount Vernon Methodist Episcopal Church, Ninth street and Massachusetts avenue N.W., in observance of the first anniversary of the Chinese-Japanese war.

The commemoration had a double significance, a speech written by Ambassador C. T. Wang declared. It not only marks the day of the fateful Chinese-Japanese skirmish around Marco Polo Bridge, outside Peiping, but it celebrates the unexpected Chinese resistance to Tokio's armies.

Because the Ambassador was suffering after removal of two teeth yesterday his speech was read by Z. T. Ing, Councelor of the Embassy. The Ambassador, who was present at the church, planned to speak in Cantonese, the dialect most familiar to his countrymen here, but Mr. Ing spoke in Mandarin, unknown to many of his listeners. The whole program was conducted in Chinese except when an American woman spoke.

Tong Rivalries Forgotten.

All tong rivalries were forgotten as the Chinese strode along together behind the American flag, the national flag of China and a white banner on which was painted in Chinese characters: "National Memorial Day, July 7."

Even the youngest Chinese took part. Here are two children from the Gin-Kwo School holding a parade placard. —Star Staff Photos.

美国报纸报道当地华侨为抗日筹款

愤怒的黄河，一匹壮烈的天马，迈步跨过千山万壑的中原，从青海迂回而下。

谁使黄色的水变成今日的红浪，东方的恶棍，折断你的肢体，割破你的眼鼻，千方百计向你践踏摧残！

壮烈的天马，你可记下了，这一笔惨绝人寰的血账！

壮烈的天马，猛烈飞奔，横冲直撞，喷出热血一万丈，把豺狼虎豹，都投诸浊流！

壮烈的天马，华北的情人，流吧，奔吧，奔向东方的大海，去问一问那岛国的军阀，去把你身经目睹的冤仇，算一算清！

这些诗句都来自一个中国青年赤诚火热的爱国心，来自一个诗人心底如火如荼的爱国真情，她喊出了一切爱国侨胞的心声。这些诗歌在华侨中广为流传，激起了大家抗战的热情和信心。

1938年8月16日，日寇飞机轰炸长沙造成700多人死伤，刘莹姿对苦难中的同胞感同身受。为了表达对日寇屠杀同胞的愤恨，让南洋更多的人了解日寇惨绝人寰的恶行，激发更多人对祖国抗战的同情和支持，她愤而写下了《八月之十六日敌机轰炸长沙死伤七百余人感而作此》：

长沙，长沙，昨夜，梦里返家。童年的弟妹长大成人，壮年的父母已生白发。风尘满面，我自己怕算年华！儿呀！我们天天生活在凶恶的炸弹之下，你回来干吗！姐姐！你回来正好。和我们加入壮丁队，一齐把贼杀！我茫然无语，不知怎样作答。

忽地街上人声喧沸，脚步杂沓，妈妈慌张地说，“又是警报来了，快快躲入地下室。”“轰轰轰，轰轰轰”，山崩地裂，宇宙顿时寂静，如像死灭。静寂，静寂，只有死神在空中翼翼，无人敢响一句言语，无人敢出一丝呼吸。“哇呀”！十八层地狱底透出一声婴儿哭。

只见炸倒的墙边，满地是脑浆鲜血，慈母紧抱着的孩子，最后惨叫气绝。妇人的头压成肉饼，身体肌肤寸寸裂。街的浓烟，半天的火舌，一片哭喊声，惊心动魄。二百余人死亡，五百余人负伤，是友邦的文明，是皇军的功德，是人类的罪恶，是历史的污页，单是恨，单是怒，岂能把这疯狂的吸血兽！打倒！消灭！

面对日寇的步步紧逼，她意识到仅仅募捐不能抗击日寇的侵略，便开始号召广大侨胞回国参战，加入浩荡的抗日洪流。她在《寄弟书》中明确表明在乱世中，作为祖国一分子应尽的责任：

日本强迫新加坡华商捐纳，报复当地华侨支援中国抗战。

你们先要认清重大的使命，抢救祖国的危亡，挽回民族的厄运，争取世界的正义和平！

这位新马文坛的“第一女诗人”，在1941年排除千难万险，只身返国，虽然她的诗歌中也表达了对丈夫和儿子的思念之情，“一幅罗巾分两半，可能两地拭泪痕”，但她的胸怀始终和祖国的命运联系在一起。

家仇国难一肩挑，夜雨凄风路正遥。
讯息曾从何处问，离魂经得几回消。
自由只有黄金买，幸福全归战火烧。
翘首问天天不语，睁睁泪眼盼明朝。

回国的侨胞很多人都提及刘莹姿，都是在她的诗歌的号召下回国参战的，她的诗歌记录了国家的苦难，民族的危亡，更记录了人们的抗争，华侨的赤诚。她的一生是抗战的一生，是爱国的一生！

中山路之于厦门，就像南京路之于上海，夫子庙之于南京，或者王府井之于北京一样，浓厚的历史底蕴和嘈杂的市井之气在这里交相辉映。郑成功曾在这里跑马疾驰，鲁迅曾在这里激扬文字，这条路在迷失与涅槃的激流中摸索着前进的方向。

著名的华侨诗人陈桂琛就出生在此地。

20世纪30年代的中国风雨飘摇，战火频仍，华侨中的仁人志士为改变国家的命运而奔走呼号，陈桂琛身为一介书生，也以笔为枪，以唤起侨胞的同仇敌忾之情。

卢沟桥事变发生后，陈桂琛身居海外，却心系祖国，对日寇的入侵，他赋诗一首表达自己的悲愤之情：

卢沟桥撼海东鲸，澎湃风潮震旧京。
遂使三忠化猿鹤，剧怜再战失幽并。
平型暂阻长驱下，保定旋看小丑横。
吟罢召旻哀故国，万民血肉筑防城。

在这首诗的注解中，他写道：“全面抗战展开，国人无分男女，或执戈卫国，或输财助边，同心一德收复河山，黄龙痛饮在指顾间耳。”

“寸寸山河寸寸金，侉离分裂力谁任”，在抗战最初的日子里，他就希望全民能够同心同德，以收复河山为重。菲律宾的华侨在阅读他的诗歌之后，群情振奋，纷纷捐款捐物，支援祖国抗战。

日军进攻南京中华门

九一八之役，余客沪渎；一二八之役，余归鹭门。卢沟衅起，余适游南溟，旅居宿雾。慨自全民抗战于兹，兵燹所经，顿成焦土，眷怀祖国，愤忾交并，遂就所闻，赋抗战诗若干首，非敢比拟开元离乱之什，聊以昭炯戒、激众愤，图报复也。

陈桂琛就是要用手中的笔激起侨胞的抗日激情，依靠教书之便，他经常在课堂上慷慨激昂，义愤填膺，向学生们揭露日本侵略者的罪行，告诫学生们要珍惜时间、努力学习，并鼓励有能力的学生回到祖国参加抗日斗争。他曾经赠给自己的学生一幅书法：“天下断无易处之境，人间哪有空闲光阴”，鼓励学生随时做好准备，回国抗日。在他的感召之下，华侨中的很多师生都加入了抗战的行列。

陈桂琛在关注祖国抗战的同时，对家乡的命运尤为关切。1938年日军入侵厦门，厦门几千名壮丁自发组织起来同日军作战，宁死不降，在弹尽粮绝之后被日军悉数杀害，厦门也落入敌手，陈桂琛闻讯后难平心中的悲痛之情，他写道：

故国乌衣事可哀，覆巢转眼化尘灰。
换防妄效空城计，为鷸翻成诲盗媒。
五百士惭田氏客，八千人陋李陵台。
更怜孤垒炊烟绝，发炮犹遮敌舰来。

为了让海外的侨胞清楚地了解国内战事的发展，陈桂琛对国内重大战事的发展都用诗歌加以记载，可以说他的诗歌就是一部全民抗战的历史，就是一曲华侨捐资抗战的赞歌。1939年他又提笔写道：

家山万里梦依稀，炮火连天血肉飞。
荆棘载途狼虎在，鹭江风景已全非。
万户千门掩落晖，家山万里梦依稀。
可怜旧日乌衣燕，飘泊无家绕树飞。

离离靖山山上树，历历北溪溪畔路。
家山万里梦依稀，去国二年艰一顾。
灾荒苜蓿等珠玑，曾说道南愿竟违。
何日掉头归去也，家山万里梦依稀。

诗人本想下南洋传播中华文化，不料故土遭日寇荼毒，于是诗人拿起手中的笔宣传抗日，希望全民奋起，抵御外侮，誓死不做亡国奴。诗人同时希望抗战胜利后能回到祖国，尽自己的微薄之力。

1939年正值国内和平主义盛行，抗战陷入低潮之际，但即便如此，陈桂琛依旧对故国的胜利充满了信心，他坚定的信念

新四军北上抗日

激励了无数侨胞的抗日勇气。

1941年12月8日，日本偷袭珍珠港，太平洋战争随之拉开序幕，日寇兵锋直指菲律宾。1942年4月，菲律宾日军开始炮轰陈桂琛所在的小岛，华侨纷纷避入山区。5月，陈桂琛偕同几位同事和同侨开荒种地维生，备受艰辛。即使在这条件恶劣的偏僻深山，他依旧日耕夜读，怡然自得，魏文帝曾言“文人相轻，自古如此”，但陈桂琛常与一起入山的诗友唱酬，书写激昂慷慨的抗日诗章，鼓舞侨心。日本人对陈桂琛诗歌的影响忌惮三分，对他大力追捕，6月6日，一队荷枪实弹的日本兵突然冲进山中，将陈桂琛等29人拘捕。这一群富有民族气节的中华儿女，任暴敌严刑拷打，忠贞不屈。6月7日凌晨，惨遭杀害。他生前作有“志士毋求生，仁人不惜死”之句，他用自己的生命谱写了最后的绝唱。

陈桂琛的爱国精神一直感动后人，他的高尚气节为后世敬仰，蒋介石称他“义行足式”，文学大家林语堂赞誉他“精忠报国”，严家淦题“浩然正气”，孙科题“碧血常新”，梁寒操则题词“埋骨岂须桑梓地，斯文四海有知音”。

像刘莹姿和陈桂琛这样以笔为剑，射向敌人的侨胞数不胜数，陈桂琛的诗友苏警予也是其中之一。日寇侵犯南洋，他几经浩劫，幸免于难。在《自题椰林觅句图》一诗中，他写道：

遍地烽烟剧可哀，故园不忍首重回；
飘零海角诗人在，独向椰林觅句来。

在这首诗中，诗人诠释了什么叫作“赤心事上，忧国如家”。虽然在乱世中身世飘零，但诗人依旧心系家国，不改初衷，把诗歌作为最锋利的武器，刺向敌人的心脏。

苏警予的诗豪情直冲云霄。他在《挽林赣余烈士》的诗中写道：

联吟鹭岛气犹豪，卅载匆匆白发搔。
杜甫哀时诗作史，董狐书法笔如刀。
安贫知命原吾辈，取义成仁愧彼曹。
一死平生堪论定，千秋人共仰风高。

诗人的呐喊如洪钟大吕，不仅震撼了侨胞诗友，而且也令敌人胆战心惊。

还有一位诗人不能不提，那就是苏警予的至交刘铁庵。20世纪30年代日军入侵祖国，他和苏警予不愿屈节事敌，弃家南渡菲律宾。他的诗歌也是字字痛斥敌人。他谴责敌人在厦门的暴行：

修建滇缅公路

在街头演出的抗日文艺团体

颓垣破宇人烟绝，残水残山鸟迹稀。

多少健儿渲血处，腥风犹挟怒涛飞！

他斥责那些没有骨气的文人“失身任日军秘书”，他对百姓的疾苦感同身受，哀叹百姓“米珠薪桂食无盐”，哀叹自己“时危思报国，无路可请缨！”他痛诉“倭氛满眼家何在？倚剑长歌独怆神！”诗友邱龙文亦赞美他“匡时济世英豪事，报国犹存一片心”。

文中提到的华侨爱国诗人只是九牛一毛，在山河破碎之际，或许他们并没有走上战场，或许他们没有手刃任何一个日寇，但正如萧克将军所说，他们“以笔为剑，当得三千毛瑟枪”，他们“白眼观天下，丹心报国家”，他们以另一种方式驰骋在抗日战场上。

李大钊说过，国人无爱国之心，其国恒亡。这些爱国的华侨正是用自己手中的笔唤起国人的爱国之心，激励着国人为国家和民族继续奋斗！“向北望星提剑立，一生长为国家忧”正是他们的人格象征。

他们以自己的满腔热忱投身抗日，舍生忘死，激扬文字，宣传正义，鞭挞暴行，描绘胜利的诗歌鼓舞民众。

他们是平凡的人，因为他们认为在祖国危难之际，他们只

中国军队在平绥线上战斗

是做了自己应该做的事情；他们是伟大的人，在山河沦丧之际，他们主动走到历史的前沿，书写下一段段传奇。他们是平凡而伟大的人，他们应该被后世铭记。

延伸阅读

陈嘉庚回忆录

劝募救国公债

民二十七年春，政府复派募债员南来，其时余亦以首期义捐已办妥，应进行劝募公债，然仍必由新加坡发动较为有效。但须先觅有人认购巨额，方能影响本坡及全马。乃向数位富侨提议，未遂，余不得不自己负责。于是召集侨民大会，宣布募债缘由："政府发出五万万元救国公债，分配马来亚四千万元。余按不能如数办到，然至少须接受半数二千万元，庶免过负政府期望。以二千万元核计，新加坡区应负担六百万元，此项巨款非全侨努力不能足数。余经济有限为诸君所知，然为尽国民一份子之天职，愿购一十万元。于是在场认购二三十万元。再后积极进行，至秋间结束仅五百余万元。而马来亚诸区虽有进行，或观望不前，或成绩不佳，后经政府及余再三催促，延至年终截止约一千余万元。统计全马一千五百余万元。盖我国政府公债，前时未曾推行海外，而上海市公债时价，每百元常行五六十元，南洋华侨银行素不肯典押我国公债，有此种种阻碍，故推销困难。况义捐劝募逐日进行亦一原因。回忆暹罗华侨对公债事，因南京政府托某银行办理，该行在暹京无何势力，又不自量力，不让总商会接办，致诸侨商袖手观望，故无成绩可言。缘许时暹政府尚未排斥华侨，若付托得人，数百万元或可办到也。

闽代表来洋筹款

“七七”抗战后冬月，闽省府派数代表来，系闽南人，萨镇冰亦同来，云：“要筹款二百万元救济闽省，否则，夏末青黄不接，惨状难言。”余告以“现下决难办到。理由有三：抗战后侨民大会及本坡政府约定统一机关，凡所筹款概须汇交行政院，一也；国庆日全侨在吉隆坡开会，决定义捐坡币一千万元，限本年底筹足，新加坡数额须三百万元，现尚捐筹未足，二也；中央政府责成马来亚华侨，须认购公债四千万元，余按至多承受二千万元，在吉隆坡开会时，余主张待新春开始劝募，而各区代表多欲同时与义捐并进。然俗语云针无两头利，新加坡公债须负责五六百万元，必待新春开募，还不知若干日月方能筹足，三也。以上三件事均系全马议决在先，万万不可违背失信，私为闽省筹募，此乃最易知明内事项，望诸代表原谅。”而诸代表有不明白之人，纠缠月余不休，且听人怂恿，谓闽侨另筹确有效果。余告：“余既负总筹赈汇交中央政府之责，无论如何在新年夏季内决无办法；他闽侨言可另筹，汝可请他另立机关劝募，何必纠缠不满。”后诸代表往吉隆、怡保、槟城，到处如新加坡应酬招待，各埠均许筹国币五十万元，系股份式作兴办农业之款。并有侨领同诸代表来新加坡，要余赞同亦认五十万元，共二百万元，使诸代表不致空手回去。余云：“作事须务实，若轻诺寡信，他日空雷无雨，反贻害本省，此等事余决不效尤。试问贵区会议定救国公债额数过期数月，已募若干？”该侨领答：“尚未起手。”余则驳以“何故迟延，可未有把握故尚迟延。新加坡应摊五六百万元，开募月余仅二百余万元，尚欠之额不知须延迟至何时，且大半靠闽侨负责。贵区迄未动作，兹又欲增加省款，非至两败俱伤不已。在平时对故乡事犹当脚踏实地，何况抗战严重期间，已许中央筹募公债战费，安可迟误失信。无论如何必待数月后公债募有把握，方可筹及省项”。该侨领无言可答，而诸代表中难免有含意不满者，及余回国尚有余言也。

筹备南侨总会

“七七”抗战后，菲律宾李君清泉来函，言“南洋华侨应在香港或新加坡，组一筹赈总机关，领导募款”。余覆函谓：“新加坡乏相当之人，请转商香港较妥。”越后又接荷印吧城庄君西言来函，嘱余在新加坡组南侨总会，所言目的与李君同样。余辞以乏相当才望，不敢接受。越年夏末，忽由新加坡总领馆转来重庆孔行政院长电，云：吧城庄西言先生建议，应由君在新加坡组筹赈总机关，领导各属华侨筹款。本院已委外部，电知南洋各领馆，通知各属侨领，派代表到新加坡开会，希筹备一切。”余以国府命令，当然接受，于是登报并通函英属香港、马来亚、缅甸、婆罗洲，荷属爪哇、苏门答腊、婆罗洲、西里伯，美属菲律宾，法属安南及暹罗等处各筹赈会、慈善会、商会，订十月十日国庆日，派代表来新加坡开南洋华侨筹赈祖国代表大会，并限定大埠十二名，次八名，又次六名，旅费各自备，附列重要议案：一、总会名称；二、地址；三、举主席及职员；四、各埠会承认常月捐义款每月若干；五、各埠代表提案。须于开会前七天交到本筹备处。

南侨总会成立

南洋各属华侨代表到者一百八十余人，唯香港及暹罗代表最少。其原因香港粤侨十居八九，自抗战以来年余，尚未组筹赈机关，故无举派代表参加，只有闽侨一部分派两代表而已。至暹罗商业最盛者为暹京曼谷，华侨亦最多，其时暹亲日派执政，禁止华侨捐款汇寄祖国，故代表无法选派，唯暹京外诸埠秘密派人参加。新加坡华侨无相当大会堂，乃假距市五英里南洋华侨中学校礼堂为会所。布置颇堂皇，并拍有声电影。祖国重庆及各省主席，或战区司令长官，多来电祝贺。开会时举余为临时主席。各处代表演说后，越日正式开议。对第一条名称决议曰“南洋华侨筹赈祖国难民总会”；次办事处地址在新加坡；三举余为正主席，庄西言、李清泉为副主席；四各埠会承认常月义捐国币四百余万元。又议决一条谓政府如派任何官吏南来，须先征本总会主席同意，由主席函知各属会方得招待。其他议案及规则颇多。

华侨司机回国

我国抗战后，海口概被敌侵占，外货可入口者，只靠香港、安南两路而已。滇缅路甫在开创，尚未通车。及广州失守后，香港存积货物、军火二万余吨，我政府乃将西南运输办事处移设新加坡，名曰“西南运输公司”，总机关设在昆明，主事宋子良君，香港存积货物大半移往仰光，由滇缅路入口，其余则由安南入口，滇缅路将通车时，缺乏驶车机工，且新路多崎岖，驶车者非老经验必多蹉跌。宋君来电托代雇司机及修机工人等回国，往滇缅路并西南等省服务，除薪水外，膳宿、衣服、医药概由政府供给。南侨总会乃出通告，并致函马来亚各属会鼓励，数月之间，热诚回国者三千二百余人。经安南往昆明者居多，经仰光者三百余人，有一修机工在洋十余年，每月收入坡币二百余元，自甘牺牲，并招同伴十余人，带其全副机器前往。诸机工到昆明须经军训两个月乃出服务，其训练多属军式礼节。实行服务后有少数人逃回。寄来之通讯亦云："待遇甚劣，不依照所约办理，如寒衣、宿舍、医药均缺乏，各站办事人乏精神，手续麻烦迟慢，站段无车屋，救济车及修理器具不备，辛苦难以言状，常有货车损坏停于山地无人处，车上机工饥寒至两日之久"云。

派员视察西南运输

余闻悉滇缅路办理及待遇司机不善事，难免寝食不安，乃举派代表由仰光入口往昆明，沿滇缅路视察事实。且度所传如不虚，或由路甫开竣未暇设备，或限于经济因陋就简。若限于经济，南侨总会可以代筹。余按滇缅路由宛町至昆明九百余公里，可分作六段，每段一百五十余公里，当设七个停车站，每站建几个停车亭，可容货车三百辆，面积五六万方尺，每方尺建筑费国币一元半共约八万元。工人寄宿舍、伙食房、阅报室、医院二万方尺，每尺以二元半计共五万元，两条合计需十三万元。七个车站共九十一万元，再加零费九万元，合计作一百万元，申坡币二十余万元。就使再加十万八万元，亦容易办到。乃详列此项计划交代表带去，并嘱沿途考察，逢站特别留神履勘，作事最患乏金钱，金钱如便何事不成。如此设施非但为华侨司机工人计，亦为抗战军运成绩计。该代表于民廿八年秋起程，沿途来函报告果如前闻："所经各站设备极形简陋，并不敷用，所遇各华侨机工等多面无血色，带病含泪，目不忍睹。迨至昆明急向龚主任提议，将余所计划条件呈交，请其赞同，从速兴工，并交涉改善他事。该主任答伊无权主张，待备文往重庆请命。代表不能久待归来，余函电昆明均未得确实消息，并电重庆军事委员会，告以滇缅路军站设备不周，办理不善，请速改妥，虽屡蒙覆电嘉奖，第不过官样文章敷衍而已。

供给军需药品

重庆政府来函，要求大宗药品，如金鸡纳霜、匹灵片、仁丹，及救伤绷带等，南侨总会应诺供给。绷带由香港办寄。至金鸡纳霜系荷印出产，则转商荷印各慈善会四十余处，购赠五千万粒，须费荷币三十余万元。该药产于爪哇，政府限制万隆一厂出品，凡售于慈善家特别减价一成余。余发函通知后，约三个月内接各处回报，概已募足，直寄仰光，交西南运输处转交政府。至匹灵片及仁丹等，拟在新加坡设厂自制。盖匹灵片如向药房买片者甚贵，若买药粉自行制片，则可便宜大半，至于仁丹亦然，且材料多出产我国。余如此计划后，已租屋并办置各机器，尚未开工，而欧洲战事已暴发。英既与德宣战，马来亚即严禁各物出口，由是新加坡制药事无法进行，故拟将各机器移往重庆制造。

组织回国慰劳团

民国廿八年冬，余想祖国抗战二年余，沿海重要出入口概失守，华侨回国其形困难，对于战争状况，民众生活多不详知，虽逐月输汇义捐，及派遣机工回国服务，未尝举派代表回国慰劳忠勇抗战之将士及遭受痛苦之民众，海外华侨于义实有未尽。故发起组织回国慰劳视察团，简称曰“慰劳团”。即登报并发通告，南洋英荷美法暹各属华侨筹赈机关，请派代表参加。按明年春三月起程，希最迟两个月内回覆。并附简章如下：（一）代表须通晓国语及略识中文；（二）须不染鸦片及其他不良嗜好；（三）每人备费新加坡银一千二百元，有剩找还；（四）该代表如须供给家费，由所派机关负责；（五）如意外丧身，须供其家属新加坡币三千元，若残废则酌量补给，如称职回洋，每人奖一百元至三百元，均由所派机关负担；

（六）由新加坡出发，按来回三个月，如有私人要参加，须有该处筹赈会或商会介绍，并依第一第二第三规则为准，而无被选为职员之资格。至慰劳团之目的，系欲鼓励祖国同胞，参加抗战民气，及回洋报告侨众增益义捐，及多寄家费以加外汇。至于华侨投资祖国与办事业认为次要，非本团所知云云。发表后并电重庆蒋委员长征求同意，蒙回电欢迎，而各处陆续来报名参加者五十余人。

慰劳团回国

民廿九年三月六日，慰劳代表三十余人，由新加坡搭丰庆轮船起程，到仰光转重庆。未动身之前余接国内友人来函，云团员须带帆布床、蚊帐、洋式长衣、手电灯等件，故为备办一切足供五十人之额，交团员带去。到仰之后搭火车至腊戌，然后转坐西南运输公司货车，每辆一人或两人与司机伴坐。不幸至下关界一辆坠落，团员蒋才品、李英受伤。李英数日治愈，蒋才品因腰骨跌断，留下关医院。其他达到昆明者四十余人，蒙各界热烈招待，不下数十机关，每日应酬两三次，延七八天方得起行，至贵阳亦受多次欢迎至三四天。余原按该团至多卅天可到重庆，乃讫延至四十余天，盖切未料及昆贵各界招待之繁，故未预告团长辞谢。或联合招待至多一两次，便可节省许多耗费与日子也。

起程往延安

西安街道颇阔，有五六十尺，两边兼有步行小路，人力车甚整洁，闻系因各车主竞争。有人言妓女甚多，全市妇女七万余人，不正业者至一万左右人，未悉是否事实。余往七贤庄，访第十八集团军办事处，询往延安汽车事。处长蒋君言，他本拟来余寓告知，因鉴于前日往访慰劳团，致慰团被移寓所，恐再误，故中止。余答无妨，我可自由打算，并托电告延安朱君，前日慰团失约，余甚抱歉，对不住朱君盛意，系出于重庆派遣同来者作弊，与省主席等无干，希谅解为荷。盖余自闻该事发生，颇不安心，念慰劳团到祖国，未作何项实益，反增加两党恶感，故托蒋君代为辩白也。蒋君约定卅日早，备大小汽车各一辆，小车为余等坐，大车载护兵及汽油。是早临行时，寿科长坐一辆较新大汽车来，云主席派他用此车送余到延安。余乃辞蒋处长小汽车免往，而蒋君云他亦要加备一架车，路中较妥，故三辆车同行。午间到三原县，近郊有许多人在城外迎接，余甚不安，告寿科长切电止他县，勿复如此麻烦。寿君云此乃主席命令，渠无权阻止。在三原县午饭，设备颇丰，其壁上贴有印刷物多张，有一条云“禁用香烟请客”，余与县长甚表同情。回国两月行许多处，今日始见实行节约。此县为于院长故乡，文化颇发达，有中小校百余校。筵间有一位山西阎将军处长某君，余即问要往山西慰劳阎锡山将军，能否达到，答车路通至宜川县，再陆行二天，如要往可预告备马轿来宜川相候。余告决往，希代转达。午饭后，立再西行，近晚到宜君县，在城外亦有许多人迎接，寓招待所。因蒋处长大小车未到，往城外散步，觉颇寒冷，与西安不同。蒋君等车至晚始到，余车行较快，相差几两小时。于是约他明早大小车先行，到洛川县午饭可也。

中部县祭黄陵

余自到西安后，拟到中部县谒祭黄陵，故托宜君县长电知中部县长，预备祭陵仪式，并雇照像馆拍影。五月卅一日早由宜君起程，上午八点钟到中部县界，远见山坡上树林茂盛，异于其他诸山。车夫云该处便是黄帝陵。县长等已在城外山下等候。由是绕坡上进，中间经过大祠堂前，再行两三里到黄陵，该陵原称桥陵，亦系土堆，略作圆形，面积不过二千方尺，高约二十尺，陵前建一亭，约二丈方，高一丈余，标一“轩辕桥陵”，无石刻物等项。县内学生及县长等百余人来参加。香案上排列果物数品，余焚香行最敬礼。拍照毕，余立亭阶演说，略云：“代表南洋千万华侨，回国慰劳考察，鼓励抗战民气，收取国内军民社会好印象，回洋作宣传材料，冀得增加金钱外汇之助力。”云云。中部县系光复后为黄陵而设，故县界颇小，城市亦寂寞。余辞谢学生等先回去，同县长往游陵之前后。审其山脉形势，称曰“桥陵”，实有原因。盖陵后有高山，山下有一道山脉隆起，广数百尺，长千多尺，两边地均低平，此山脉直透到陵后，再升超为山岗，高二三百尺，古树森列茂盛。据县长云，前经核计有六万一千余株（古树虽多，枯则补栽）。余按所谓桥陵者必为陵后高山与陵墓中间有一道山脉形如桥梁，故有此称也。由桥陵观之，岂三代以上黄帝时代，便有笃信风水者，不然如桥陵后方有高山起伏形势之，其左右前面复有水流环抱，近代迷信风水者所言之吉地，诚无出其右也。距陵前数百公尺，稍右畔有一小山，面积约数亩，高数十尺，有阶可上，不知是人造或天成。相传汉武帝在此求神仙云。游毕下山至大祠堂前停车。该祠堂，即黄帝祠，庭边有数株大树，有一树圆三十余尺，据云自远古时代迄今。又一树旁立一碑刻字云“汉武帝挂甲树”。传汉武帝征匈奴回，曾卸甲于该树。祠内外尚多可记，惜余已忘之。又相传黄帝已仙去，所葬系衣冠，然史不详载，是否事实，无可考。至陵前小山，传系汉武帝求神仙所造，或属事实，因汉武帝信任方士欲求作仙，数十年而不悟，确系事实也。

洛川民众投书

余离中部往洛川县，陕西省政府所辖陕北等县至此为止。

未到之前远见城外民众颇多，及稍近则知为农民，盖多穿黑旧衣及赤足者。余心中尚未明白，迫已到，方知为欢迎而来。农民数百人排列在前，公务员及各界在后，余心更觉不安。蒋处长大小车先到，即开午饭，俾晚间可达延安城。饭毕出门，大小车三辆均在门前，余仍与侯西反、李秘书、寿科长共坐一车。甫登车而民众送来文书，侯李二君亦有收到，开行后蒋处长车亦随来。余车行快，不多时将出洛川界。余与侯李略阅诸文书五件，所言大同小异，概系诉骂为共产党不法事。余已知其用意，盖出于一手之作为，令农民欢迎与投书，使余不直或怨恶共产党。不然，果有事实，向余诉说有何益耶。余将各文书交寿科长阅看后，则撕碎之投弃路边深处，盖不欲带回洛川界，致共产党知情。出洛川至鄜县界，便是共产党管辖，有军人在交界处站岗。过那县至甘泉县界，路边有一办公处招待饮茶，余问招待员至延安城须若干久，答两点半钟。时已四点矣，即赶起程，然沿途自西安至洛川，虽土路无铺石子，因久未降雨且非崎岖，车行尚平稳，所见山野亦颇青翠，及至郦县以上，路多崎岖又乏修补，车不堪速驰，所见山野似不及前。余车逢稍平坦处仍快走，故五点半便到目的地。而欢迎者一部分方正行出门，渠等已接甘泉电亦按六点钟外方能到也。于是前列欢迎员请余暂候一步，余下车与他等谈话，约一刻钟，然后步行与诸人为礼。计到者千余人，后面复接踵而来。在延安城外招待所休息十分钟，请往临时欢迎会开会。盖近处原有一露天广场，可容数千人，并一讲台可坐十余人。时到者三四千人，均席地而坐，前列数百人多能听闽南语者。

延安临时欢迎会

延安各欢迎者到齐后，均坐于露天地上，余等并寿科长四人及其主席等数人坐台上。主席高自立系民政部长，致欢迎词，并云，据甘泉办事处电话，余等四点余钟起程，按常时汽车须二点多钟乃能到，故通知欢迎人五点三刻齐集郊外，不图余车快速到，致有此迟误，对余等及欢迎员抱歉云云。余答谢并报告余及慰劳团回国慰劳考察目的。慰劳团分三路出发，每团十五人，各有团长，余非团长，系南侨总会主席，代表南洋千万华侨回国慰劳考察云云（语与他处同）。又言："第一组慰劳团至西安，乏车可来，已他往。余幸有车，故能到此与诸位会谈。余等三人除沦陷区不能到外，若为车马或轿可到者当然前往，以尽代表职责。"又报告"南洋各属华侨，对抗战捐资回国，团结一致，及剧烈抵制敌货，虽被当地政府拘禁，亦再接再厉，历三年如一日"云云。余报告未终，在后方稍高处不知发生何项冲动，露天坐众大半惊起，亦有走者，约数分钟始恢复秩序。一南洋女学生告余，前次张继等来，在大会中亦如此作风，系国民党间谍或特务员等暗中捣乱，今日之事料必与前次同耳。”

欲巧乃反拙

越早蒋处长来见，云伊军至晚八点钟方到，并交来文书一件，余略阅则与洛川民众所投文书同样，然余经扯碎弃去，何复有此。乃询蒋君何处取来，答民众在洛川招待所门前，误投送伊车内，因该文书系送余，故代携来交。余乃告蒋君一所收数件文书，知非善意，已就洛川界内毁弃，不欲贵党人知之，不图尚有多件误送君手。蒋君云：“彼等不存善邻之意，往往借民众生事报告中央，致弄到今日恶感日据，良由是也。”余按此种作风手段，非出于西安省主席命意，必出于洛川县长之主张。若出于省主席，他居重要地位，而令唆使民众行此离间计，则平时与共党虽小事，安得不多端扩大，报告中央。如出于洛川县长，该县与共党毗连，既不存友善和睦，则民事或他事交涉必多，既生交涉，必呈报省主席，不但可卸职责，或可借以邀功。如此事端小则报告省府，大则转呈中央，下层既多生事，上级必增加磨擦，安得不恶感日剧也。

李秘书留医院

延安招待所在城外，主持人为民政长高自立君，约定明天上午参观女子大学。朱德将军要来校相会，下午四点到毛泽东主席处晚宴，余均接受。招待所在山下，距公路百余步，寓所在上坡数百步之山洞。余住一洞，侯李同住一洞，每洞长约三丈，阔一丈，高九尺，正面有门及窗用白纸封贴。床椅简单，洞内比洞外稍冷，时气候约六十度左右。膳室设在招待所，余等出寓下坡早餐，即将往女子大学参观。李秘书帽在对面洞寓，急于往取，便行，同坐一辆小型汽车。该校距招待所约十里，在山洞中，每洞较广大，可容一班学生卅余人。校长为陈绍禹夫人，俄国留学生，诚挚招待。朱德将军亦到，往洞内客厅坐谈。余致慰劳后，并代慰劳团谢其前日在西安厚意，又解释误约之事，“系出于中央同来招待员，而非省府，希勿误会，致增多意见”。朱君云伊早明白一切，完全是省府恶意阻挠，不许慰劳团赴宴，不然慰劳团经而许两次，欢喜愿往，万无失约之理。省府自来多端恶意往往如是，致两党意见日深。伊此回由河北回延安，途经洛阳、西安，往访卫立煌、胡宗南、蒋鼎文诸君。伊离开延安已两年余，意在联络情感，同仇敌忾，卫胡二君情意极好，伊甚感激，若蒋鼎文则殊异云云。时已近午辞回，仍坐小客车。余已上车，李秘书继起，头上碰触车门顶，血出不止。暂卧露天椅上，急请医生来止血，包妥后用小汽车运往医院留医，医院距离十余里，亦属山洞，其山较高，洞内大小约与余寓相同。李君独住一房，看护招待甚周到。

延安城形势

时虽六月初旬，延安中午尚寒冷，约六十度左右。午后与侯君步行入延安城，有公路一道从城中通过，为南北必经路线。城内街店住宅多已倒坏，绝无人居。自前年被敌机轰炸多次，仅存偏僻处小平屋多少，政府禁民众居住，恐敌机复来轰炸。闻抗战前商民二万余人，现概移往城外附近山洞矣。延安城三面环山，唯前面开豁，登城后高阜上观览，见其形势优美伟壮。他日全城市区商店住家重新改建，若依新加坡科学化建筑法，通盘计划，注意卫生，每间屋长至多一百尺，屋后不许相接（屋后如相接，必闭塞空气，关系卫生甚大〉，须留通路至少十尺。不但天然人工两俱美妙，而住民更可享健康长寿之无穷幸福。以陕北土地广大，将来南北交通便利，延安城在中心要区，他日可成为热闹都市，居民增至数十万人以上，实意中事，望当局注意为幸。余等复步行出城里余，至山下，一道市街，两边大小店屋百余间，均系商贩，有门市售日用品者，有似商行者，然屋宇多简陋，货物排列颇少。余问同行招待员：“货物何如此简单？”答：“恐遭敌机轰炸，凡大宗货物积存山洞内，需要则往取。”一又问：“政府有无存货公卖乎？”答：“未有，概属商民自行经营。”又问：“大商店资本有若干？”答；“闻有十万元至二三十万元者，多系收买土产，然只少数人耳。”余回寓后，又问南洋女学生：“该商店是否政府经营？”答：“不是，系商民之营业，与政府无干。”

一生洗三次

延安女子大学，内有南洋华侨女学生多人，暹罗、马来亚、荷印都有。余询校中各情，据答学膳宿等费均免，每月复给一元作零用，衣服一年寒暑各给两套，均由政府供给，菜资每生每日六占，如伙夫善办理者，每星期有猪肉一次可食，否则无之。早餐食粥，午晚餐食小米饭，菜并汤合煮一大碗，六人共一席，伊等兼养猪及开垦荒地种植物，所卖钱概归学校，此为学校私有，与政府无干，学校则将卖得之钱添买猪肉，每星期可加食肉一二次。又询彼等在校内除上课及读书外，有何其他工作。答大日子及星期日，须分队到各乡村演说，劝告农民等爱国，同仇敌忾及卫生清洁，和睦亲善等事。又问效果如何，答甚见功效。前外间讥刺陕北人一生洗三次，生时一次，结婚一次，死一次，今者大不相同，虽衣服亦常洗，可于行路之人及农民验之便知。又问农民比前生活如何，答较伊等更好，因物价增高又加垦荒增收不少，现衣食均佳。二年前伊等初来时到处多见穿破衣者，十左右岁女童无裤可穿者颇多。近来穿破衣者极少，女童虽数岁者亦有裤穿。又问垦荒地是私人的，抑归政府。答概属私人。政府首年无税，第二年起照例依收成若干征抽之。又问如何征抽法，答每农民每季如收成四百斤以内无抽，四百斤起每百斤抽一斤，再加一百斤加抽一斤半，至多抽至七斤半为止。

积极扩军校

午后余与侯君同朱君乘车到第四军校，适学生在校前赛篮球，学生及观众均无行礼。有一学生向朱君大声呼曰，总司令来比赛一场，朱君即脱去外衣，与诸生共赛两场，其无阶级复如是。该校学生五百名，毕业生约百名。少顷校长登台演说，言我等须积极进行，时机切勿失。第五军校，第六军校，已次第成立，第七军校，第八军校，须从速开办，再后当复扩充至第九第十等云云。会毕。导往参观，课室概在山洞，高低相距数百尺。近晚入席，先出四盘菜及他物，俱冻冷，余原不敢食，不得已略食少许。侯君颇多食，余心中怪之，是夜侯君果腹痛，痢疾甚剧。越日余思李秘书未出院，侯君又染病，昨电阎将军之日子已到，不能起程。乃复电云："秘书未出医院，日子须展限。"盖不知将加延几多天耳。

无苛捐杂税

六月五日，财政长、公安局长等数人来坐谈，财长为龙岩人，可直接谈话。余问街中商店是否政府经营？”答：“商民私人营业，与政府无关。”又问：“资本多少，政府有抽营业税否？”答：“资本多者十余廿万元，少者不等，亦有百数十元者，政府均无抽税。”又问：“民众田园政府有无没收？”答：“人民自己营业，政府无干涉，就是新垦荒地亦然。”余问：“垦荒有多少？”答：“民廿七年八十余万亩，廿八年一百廿余万亩，本年已垦一百六十余万亩，共三百余万亩。”又问：“下半年可再垦若干？”答：“无再垦，当候来年。”又问：“农业既属农人私有，政府如何抽税？”答：“农民收成产物，每季如不上四百斤者无抽，如上四百斤者每百斤抽一斤，如加收一百斤，加抽一斤半，至多抽至七斤半为止。”问：“除此而外，有无其他捐税如房租、地租、保甲、糖、盐、布、帛等税？”答：“完全无有。”又问：“果如此，共产政治何在？”答：“已实行三民主义有年矣。”

县长民选

延安司法院长某君，为厦门大学生，来访，南洋男女学生多人亦在座。闲谈间余问政治事项。某生答：“治安良好，无失业游民，无盗贼乞丐。”又问：“用何政治得此成绩？”答：“凡有失业及赋闲之人，保甲必报告政府，委以职务工作，否则当往垦荒。因荒地广大，可以尽量消纳，故无游民盗贼之害。”又问：“官吏如何？”答；“县长概是民选，正式集大多数民众公举，非同有名乏实私弊。至各官吏如贪污五十元者革职，五百元者枪毙，余者定罪科罚，严令实行，犯者无情面可袒护优容。公务员每日工作七点钟，并读两点钟党义，共九点钟。星期日或夜间当上一大课，人数不等，民众可以参加，多坐在露天，常至数千人，听名人演讲。公务员薪水每日五元。虽毛主席夫人，朱总司令夫人，亦须有职务工作，方可领五元零用，至膳宿衣服疾病儿童教养应酬等，概由政府供给也。

工业尚幼雅

六日朱君夫妇及其他十左右人，招余坐小客车，往西塞县参观铁工厂及印刷厂，规模均小。余问朱君他处有铁工厂乎，答未有。盖陕北概是农民，无所谓工业，迨共军到始到创设工厂，及改良水利，闻有两处，已改妥，甚益农业，沿途所见民众男女衣服均好。据同行者言：“共军未到前，鸡蛋为五十粒售一元，鸡一只值一角，农产物均甚廉，故乏资买衣服，破坏不堪入目。及共军到后，交通整顿，物产升价。现下鸡蛋一元仅买卅粒，鸡一只值四角半，余问：“教育如何？”答：“全县原只有数间小学，现所辖各县到处多有，言普及则尚早，若比数年前则十增八九。”又问：“尚有妇女缠足否？”答：“以前此风未除，及共军到后，缠足与鸦片均严厉禁绝，不但童女禁止，就是四五十岁内缠足妇女概须解放，违者科罚。”余到七八天绝不见有缠足者。

黄尘常飞扬

侯君病两三天，医院长亲来诊视数次，均义务免费。医院长为龙岩教会人，自十年前共军在龙岩时，渠便担任西医，但非限于共军而已。迨共军退出，渠念共军中无医师，故不忍相舍，愿随行服务迄至于今，现主持该医院，月薪卅二元，为各界最高待遇。出门诊症以马代步，不取分文钱，闻设有一间制药厂，能制多种西药及中药，余未曾参观。送来数种常药，系该厂出品者，西北男大学，余亦未往参观，闻距离稍远，其待遇与女大学同。延安风多雨少，泥粉时常飞扬蔽空。有一日狂风作时，满空如充满黄雾，数十步外不能见人，屋内黄尘布席，每人从鼻孔吸入不知多少，余询诸南人及南洋学生：“能耐此苦否？”咸云：“来多不堪，迨后习惯已成自然，无何关系，亦有少数人志愿不坚而他走，至于身体健康则均好，甚少疾病，如肺痨症此间更罕有也。”

重庆与延安

余到重庆所见，则男长衣马褂，满清制服仍存，女则唇红口丹，旗袍高跟染红指甲，提倡新生活者尚如是。行政官可私设营业，监察院不负责任。政府办事机关，除独立五院及行政院所辖各部外，尚有组织部、海外部、侨务会及其他许多机关，各处办事员多者百余人，少者数十人，月费各以万计，不知所干何事。酒楼茶馆林立，一席百余元，交际应酬互相征逐，汽车如流水，需油免计核，路灯日不禁止，管理乏精神。公共汽车、客车、人力车污秽不堪入目，影响民众卫生。报纸为舆论喉舌，责在开化民智，则箝制严密，致每日仅出一小张，何能模范各省。其他政治内容非余所知。第就外表数事，认为虚浮乏实，绝无一项稍感满意，与抗战艰难时际不甚适合耳。迨至延安则长衣马褂，唇红旗袍，官吏营业，滥设机关，及酒楼应酬，诸有损无益各项，都绝迹不见。如云陕北地瘠民贫，政府局部甚小，故不宜如首都，应有尽有者，亦属有理。然余所不解者，重庆诸人之奢费，金钱从何而来？是否民脂民膏？余以不官不党居第三者地位，故不能已于言耳。

所闻与所见

余在重庆时，常闻陕北延安等处，人民如何苦惨，生活如何穷困，稍有资产者则剥榨净尽，活埋生命极无人道，男女混杂人伦不讲，种种不堪入耳之言，似非为宣传而来，又是略可靠之人告余者，然彼或闻诸他人，或阅印刷册，信以为真亦莫怪其然。凡未到延安区之人，谁能辨其真伪，余亦是疑信兼半，所以必要亲往。亦有劝止者谓往恐不利，余则置之度外。及到延安界特别注意前所闻数事。如民众生活惨苦，则所见所闻都未有。资产剥夺，则田园民有，商店自由营业。至于男女不伦，如行路来往，坐谈起居，咸有自然秩序，常有一二南洋女生，在招待所留晚餐后，将回校须十左右里，余问夜时会有无关碍，答绝对无关碍，此处风俗甚好，一人原常夜行，此为余所见者。至于所闻，虽男女同坐，无人敢戏言妄语，非法举动，都能守分。如有互相恋爱，可自由结婚，只向政府处签押注册，简便了事。盖无论男女，谁敢行动非为，即免惩戒，亦受大众鄙视。男女衣服均极朴素，一律无甚分别，女衣较长些，人人如是，设有一两人粉装华丽，锦衣特色，不但被人视同怪物，自己亦羞愧不能自然。又如无谓应酬，浪费交际，亦无从开消，虽有资财竟同无用耳。然陕北地贫，交通不便，商业不盛，地方非广，故治理较易，风化诚朴。设共党若握着东南富庶市场，区域广大，不知能如此廉洁，兴利除弊，为人民造福如延安之精神乎？

宏川途中千山万岭

六月八日早，余仍乘省府汽车，与侯李及寿科长离延安城。临行时捐三千元助医院费，念侯李等受医院优待，未花一文钱，又备百多元送寓所役夫，均坚辞不受。各界及学生多来送别，仍经甘泉县至鄜界午饭，转东行向宜川进发。沿路见有驻军，即是胡宗南将军派来者，经过许多峻岭及高山，路面略有铺石颇阔，因久无雨，尚易行。转过一山峰，窃念无复更高者，不料一峰又一峰，已高复再高，远望四方都是山峰，所谓千山万岭始于此见之。虽在高山环走，而空气顿减，渐变热暑，与延安不同。近晚到宜川城，阎将军所派招待员某君，带领七十余人，计轿四架，马十左右匹，轿系临时用椅改作，轿夫亦系临时令军人充当，每轿备十余人作两三班轮流。全队已自数日前来到，是晚县长设宴招待。同席有胡将军委派师长某君。余问派几师来此，答一师而已。该师长云曾住过闽省多处。未食之前往市街散步，见有十左右岁女童缠足，宜川县系属省府所辖者。

华侨抗日大事记

1931年

9月18日，日本悍然发动“九一八”事变，东北很快沦亡。

9月22日，新加坡中华总商会召开紧急会议，议决致电日内瓦国际联盟，请求制止日本对华侵略，维持世界和平；要求国民政府抗战。

9月，美国旧金山中华会馆致电国民政府要求“息内争，御外侮”。

10月，美国俄勒冈州波特兰华侨成立美洲华侨航空救国会，建立美洲华侨航空学校。

11月4日，马占山率部在嫩江桥抗日，得到海外华侨的大力支援。

1932年

1月28日，“一二八”事变爆发，国民党十九路军奋起抗日，得到国内人民和华侨的大力支援。

1月31日，美国波特兰华侨航空救国会组织美洲华侨航空救国义勇团，后在美国各地建立6个分团。

2月6日，美国归侨飞行员黄毓荃，在淞沪与日军空战，壮烈牺牲。

2月，归侨吴越组织华侨抗日救国义勇军开赴淞沪前线抗战。

10月初，华侨抗日救国义勇军江子航等人发表北上抗日宣言。

1933年

3月，旧金山华侨组织成立“美洲华侨拒日救国后援总会”，共有18个侨团参加。

7月，旅美中华航空学校在旧金山创建。该校为祖国抗战培养一批空勤人才。

1934年

1月28日，德国华侨成立抗日同盟会，出版《抗日战线》期刊。

8月20日，芝加哥华侨救国后援会成立。

8月28日，蔡廷锴赴美，受到美国华侨的热烈欢迎。

10月5日，菲律宾华侨集会，成立中华民族武装自卫会菲律宾分会，发表抗日救国宣言。

1935年

8月1日，中共发表《八一宣言》，发出建立抗日民族统一战线的号召，得到国内外同胞的热烈响应。

8月4日，新加坡数千名华侨举行反日反内战示威游行，捣毁日本驻新加坡商会，成立“中华民族自救会”。

11月12日，国民党召开第五次全国代表大会，美国华盛顿、纽约、旧金山等地华侨分别致电大会，要求顺从民意，决定出兵抗日。

11月20日，新马华侨举行反日反内战示威游行，向中国政府驻新加坡领事馆请愿，递交了《反日反内战宣传》。

12月1日，美国纽约华侨组织节食救国会，发表宣言。纽约华侨抗日协会发表拥护和促进抗日民族统一战线通电。

12月9日，“一二九”运动爆发。世界各地华侨纷纷集会，发表通电、宣言，举行游行示威，声援学生爱国运动。

12月9日，中共驻共产国际代表团在巴黎主办的《救国报》改名为《救国时报》。

1936年

1月19日，纽约华侨抗日救国会召开成立大会，发表宣言，推举蔡廷锴、方振武为名誉会长。

1月19日，法国华侨在巴黎集会，成立“中华民族抗日自救会”。

2月14日，马来亚丁加奴日矿华工举行罢工，遭到镇压，死8人，伤多人。

2月16日，加拿大华侨千余人集会，决定成立抗日救国会。

2月25日，委内瑞拉华侨成立华侨联合会。

3月2日，德国华侨抗日联合会成立。该会由6个华侨抗日团体组成，会员50余人，出版《抗联会刊》。

3月20日，缅甸华侨救亡联合会成立，并发表宣言。

4月19日，方振武在美国旧金山发起成立中华民国国民抗日救国会，选举执委21人，在美国各地和墨西哥建立分会20个，会员达千余名。

7月19日，比利时华侨救国会召开成立大会，

9月13日，欧洲60多名华侨代表在法国巴黎召开全欧华侨抗日救国联合会筹备会议。

9月18日，菲律宾各界侨胞共7000多人集会纪念“九一八事变”五周年。

9月20日，全欧华侨抗日救国联合会在巴黎召开成立大会。

10月12日，新加坡各华侨团体代表百余人集会，成立星洲华侨各界救国联合会，讨论公布抗日救国大纲。

11月23日，国民党上海当局以“危害民国罪”逮捕沈钧儒、章乃器等7人，制造“七君子”事件。海外各地华侨掀起援救“七君子”活动，巴黎华侨还成立营救“七君子”的专门委员会。

12月12日，西安事变爆发。第二天，留英中国学生抗日理事会与伦敦中国抗日救国联合会联合致电国民政府和张学良：西安之举，国命所系，万恳立即抗日，避免内战。

1937年

2月15日，国民党五届三中全会召开，全欧华侨抗联会、新加坡各界华侨抗日救国会等分别致电会议，要求尊重民意、制定抗日救国方针。

6月6日，法国巴黎华侨致电南京国民政府意见书，陈述国是主张；外交方面要求联络英美苏制日，并与日断交；内政方面要求停止“剿共”内战，释放一切政治犯，增强救国力量。

6月19日，全欧华侨抗联会发布《为统一华侨抗日救国运动告侨胞书》，号召欧洲各国华侨迅速组织起来开展救国工作。

7月7日，卢沟桥事变爆发。当晚，纽约各华侨团体召开特别会议，成立救济总委员会，选出司徒美堂等19人为执行委员。

7月18日，纽约华侨衣馆联合会召开抗日大会，发表宣言，致电国民政府及二十九军，勉其努力抗战。

7月23日，全欧华侨抗联会发动巴黎各大侨团派代表到中国驻法大使馆请愿，并递交请愿书，请其转给国民政府，要求迅速实行国共合作，发动全国总抗战。同时要求使馆与华侨团体加强联系。

8月2日，印尼巴达维亚华侨成立“巴达维亚华侨捐助祖国慈善事业委员会”。

8月5日，全缅华侨救国最高机关甌甸华侨救灾总会成立。

8月8日，檀香山华侨成立“祖国伤兵难民救济总会”。

8月13日，“八一三”事变爆发。国民政府当日发出元电，翌日发出寒电，号召海外华侨一致起来支援祖国抗战。

8月15日，新加坡华侨召开大会，成立“马来亚新加坡华侨筹赈祖国伤兵难民大会委员会”。

8月16日，檀香山华侨妇女界成立檀香山妇女献金会。

8月21日，美国旧金山召开全体侨民代表大会，有91个侨团代表与会，一致通过成立旅美华侨统一义捐救国总会。该会在美洲各地建立分会47个。

8月22日，法国巴黎华侨六七百人召开抵制日货大会，在法国的杨虎城、杨明轩参加会议，

9月18日，全欧华侨抗联会召开第二次代表大会，法、英、比、德等国40多名华侨代表与会，会议发表宣言，并致电国际联盟和中国政府，要求主持正义，坚持抗战到底。会议发表《告世界人士书》，讨论了当前抗日救国的一些具体问题，会后召开二届一次执监委会议，选举了组织机构。

9月26日，新西兰华侨救国总会成立，先后在各地建立分支会26个。

10月2日，“缅甸华侨抵制日货总会”成立。

10月10日，华印缅联合抵制日货委员会成立。

10月13日，纽约华侨抗日救国筹饷总会成立。它由54个侨团联合组成，有执委9人，司徒美堂负责日常工作。

10月22日，由加拿大卡技利华侨拒日救国会发起，75个中西团体7000余人召开抗日非战运动大会，当地省市首脑人物莅会。

10月，缅甸华侨募捐难民棉衣会、缅甸华侨救灾特别委员会成立。

11月9日，欧洲各国华侨团体派代表组织请愿团，赴布鲁塞尔九国公约会议举行援华抗日请愿。

11月10日，旅法华侨抵制仇货会发表《为抵制仇货再告侨胞书》，并公布《取缔贩卖仇货章程》。

12月10日，印尼华侨救护队15人购买9辆救护车回国服务。

12月22日，法国中国人民之友社召开抵制日货大会，2500多人与会。

12月，马来亚日营龙运铁矿华工罢工。

1938年

1月9日，新加坡华侨联合印度、马来亚友人共5000余人举行抗日示威游行，中途遭警察阻拦，有人被捕。翌日华侨在警厅前集会，要求释放被捕之华侨，再次与警方冲突，又有30多人被捕，65名警察受轻伤。

1月18日，菲律宾华侨归国抗日义勇队28人起程回国，参加新四军。

1月22日，南洋归侨10人组织战地记者通讯团，曾圣提任团长，在汉口设立办事处。

2月12日，泰国华侨许侠等22人因进行援助祖国抗日活动，被泰国政府逮捕，后经多方援助获释。

2月16日，旧金山华侨3000余人阻止希腊轮船施祥罗可号装运废铁赴日，获得胜利。

3月29日，“民先队”发表告侨胞书，号召青年侨胞联合救国。

3月，国民政府侨委会创办《华侨动员》，后改名为《现代华侨》。

3月，中共八路军驻香港办事处成立。

4月，国民政府行政院规定各机关团体和个人向华侨募捐者，必须呈请行政院批准。

5月1日，菲律宾华侨工人召开会议，转国内各大报、国共两党中央委员会及全体国共党员，表示拥护国共合作，抗战到底。

5月25日，新加坡13个侨团代表召开会议，议决成立“星洲华侨援助第八路军大会”，选举产生委员会。会议决定给八路军全体将士致快邮代电，并发表《为援助第八路军告侨胞书》。

6月2日，美国芝加哥华侨救国后援会发起举行“中国团结抗日”大巡行，参加者达4.5万人。

6月17日，旧金山华侨救国会举行“一碗饭运动”，旧金山市长及中国总领事等中外人士20多万人参加。

7月17日，美国许多大城市响应“一碗饭运动”，全美几十万中外人士参加这一活动，盛况空前。

8月18日，缅甸华侨义勇工程队归国服务。

8月，胡文虎在香港创办大型侨报《星岛日报》，宣传抗战。

9月14日，缅甸华侨义勇救护队39人归国服务。

9月16日，华侨抗敌动员总会二届一次会议在渝召开，与会代表160多人，宋庆龄、吴铁城等人与会。宋庆龄作了《华侨总动员》的讲话，高度赞扬了华侨的抗日爱国活动。

9月，泰国政府举行大规模排华活动，拘捕华侨5223人，其中有850人被驱逐。

10月10日，南侨总会在新加坡召开成立大会。大会发表宣言，选举陈嘉庚为总会主席，庄西言、李清泉为副主席，

10月14日，蒋介石电海外部及侨委会转海外侨胞，号召其

扩大征募，输财效力。

10月15日，马来亚柔佛士B区华侨汽车工人服务队归国抵汉为八路军服务。

10月27日，第二届国民参政会在渝召开，陈嘉庚向会议发来30字电报提案，震动很大，

10月30日，南洋英荷两属惠州同侨救乡会总会成立。

10月，国民政府在昆明设立西南运输处，在新加坡设办事处，组织发动南洋华侨机工回国服务。

11月，国民政府经济部公布《非常时期华侨投资国内经济事业资助办法》。

12月27日，汪精卫在越南河内发出“艳电”，公开投降日本。

12月31日，南侨总会向国民政府致急电“请通缉汪逆归案正法”，继之海外各地华侨给国民政府发出1000多封讨汪电报，掀起了轰轰烈烈的讨汪运动。

1939年

1月，东江华侨回乡服务团在广东淡水成立。

2月7日，南侨总会发布征募华侨机工回国服务的第六号

通告。

2月9日，旧金山“旅美华侨统一义捐救国总会开“禁运军火运动大会”，中外人士6000人与会。会上宣布成立“反对运械赴日委员会”，负责禁运军火和废铁给日本。

2月19日，纽约华侨和当地友人3万多人举行“百辆救护车运动大会”。

6月15日，全美洲十余国洪门致公堂的华侨代表在墨西哥召开恳亲大会，成立“全美洲洪门总干部”。

7月16日，南洋华侨回国服务团在延安成立驻延办事处，选出以彭士馨为首的干事会。

7月，国民政府颁布《统一缴解捐款献金办法》。

8月28日，南侨总会发布揭发汪精卫叛国之第二十一号通告，揭露汪精卫的卖国罪行。

10月，汪精卫企图在新加坡组织伪侨务委员会，因侨胞抵制失败。

11月21日，泰国著名侨领蚁光炎因领导华侨开展抗日爱国活动被日特暗杀。

12月，南侨总会发起组织“南洋华侨回国慰劳团”。

12月，南侨总会常委侯西反遭诬陷，被新加坡英殖民当局驱逐回国。侯抵渝后成立南侨总会驻渝办事处。

1940年

1月31日～2月2日，国民党广东博罗县当局制造迫害“东团”“博罗队事件”。

2月24日，缅甸华侨救灾总会举行献车典礼，发动侨胞为祖国捐献救护车100辆。

3月26日，南侨慰劳团陈嘉庚等5人抵渝，受到热烈欢迎。

4月28日，印尼归侨、八路军优秀女指挥员李林在晋绥边区抗日根据地反击日军“扫荡”时壮烈牺牲。

5月1日，南侨慰劳团在渝分三路出发慰劳考察。

5月18日，南洋归侨林日尊在成都上空与日机空战中英勇牺牲。

5月31日，南侨慰劳团陈嘉庚、侯西反、李铁民3人抵延安，进行为时8天的慰劳访问，受到边区党政军各界的热烈欢迎。

6月18日，琼崖华侨回乡服务团在海南琼山县成立。

7月19日，国民党广东东江当局逮捕“东团”惠阳队12人，制造“惠阳队事件”。

7月，陈嘉庚等返渝，与周恩来会见。陈应邀作“西北之观感”的讲演。

7月，马来亚华侨王振相创办中南橡胶厂。

8月，琼崖华侨回乡服务团总团长符克被国民党当局暗杀；副总团长陈琴遮回新加坡汇报工作途中被日军逮捕杀害。

9月5日，延安华侨救国联合会在延安召开成立大会。

10月6日，缅甸华侨救灾总会开展滇缅公路复运宣传周活动。

10月19日，南侨总会副主席、菲律宾爱国侨领李清泉在美国病逝。

12月2日，纽约华侨召开援华大会，许多美国政要知名人士参加。

12月9日，老华侨邓宏顺率华侨老人步行团归国慰劳。

1941年

1月3日，国民政府行政院颁布《紧急时期护侨指导纲要》。

1月6日，皖南事变爆发。

1月8日，司徒美堂、阮本万等人致电蒋介石、毛泽东，呼吁国共两党以民族利益为重，继续团结抗战。

1～2月众多华侨团体、侨领纷纷致电国共两党及其领导人，谴责国民党军队发动皖南事变，望妥善解决事变对国共合作造成的严重伤害，团结抗日。

3月，陈嘉庚就皖南事变一事通电全国，呼吁“消弭内争，加强团结”。

3月14日，毛泽东复电司徒美堂等，对其“关怀祖国，呼吁团结，敬佩无已”，并通报了皖南事变后的严重局势及其解决办法。

3月29日，南侨总会第二次代表大会召开，修改了章程和宣言，陈嘉庚再次当选为主席，庄西言、杨启泰为副主席。大会期间，展出宣传祖国抗战照片、图片1700多幅。

3月，国民政府成立回国侨民事业辅导委员会。

5月1日，陕甘宁边区政府公布《陕甘宁边区施政纲领》，欢迎华侨来边区学习、工作或兴办实业。

6月15日，新加坡《南洋商报》发起“七七签名运动”。

7月6日，加拿大温哥华侨胞发起“坦克车救国大运动”。

7月7日，古巴华侨召开万人大会，纪念祖国全面抗战4周年，许多外国使节及知名人士与会。

10月5日，延安侨联召开第二次代表大会，朱德应邀到会并讲话。会议修改了章程，选举了领导机构。

12月8日，太平洋战争爆发，日军大举侵略东南亚，华侨奋起保卫侨居地。

12月9日，中共中央发出关于太平洋反日统一战线及华侨工作的指示。

12月，蒋介石、吴铁诚、刘维炽、陈树人等国民党要人先后发表广播演说、告侨胞书，号召南洋华侨保卫侨居地。

12月下旬，“中国反侵略动员总会”、“星洲华侨抗敌动员总会”，星华文化界战时工作团等华侨组织相继成立，协助、配合英殖民当局开展保卫侨居地的活动。同时成立马来亚人民抗日军。

1942年

1月，陈嘉庚在渝创办重庆制药厂。

1月，缅甸华侨战工队成立，协助中国滇缅远征军对日军作战。

2月15日，延安华侨毛织厂建成。

2月27日，云南省紧急救侨委员会成立。

2月，日军在新加坡进行“大检证”，逮捕华侨77699人，大部分遭到杀害。

2月，马来亚霹雳州华侨林志民、王成劲等组织华侨抗日军，后被编为一五七部队。

3月12日，延安《解放日报》发表《救救难侨》的社论。

3月14日，美国归侨空军英雄黄新瑞在成都上空与日机激战，英勇牺牲。

3月20日，中国远征军入缅作战，当地华侨给予了积极的配合和帮助。

5月19日，菲律宾华侨抗日游击支队在中吕宋诞生.

6月，英国政府、中国大使及海员代表在伦敦会同订立关于中国海员与英国海员待遇平等的新协议。

8月18日，菲律宾华侨战时血干团成立，发表宣言，出版地下刊物《导火线》。

12月15日，《新华日报》发表《救济回国华侨机工》的社论。

1943年

1～2月，菲律宾华侨抗日游击支队先后在干仑巴、圣湖连村与日军进行战斗，毙伤日军多人。

4月，印尼亚庇华侨郭益南发起组织神山华侨抗日游击队。

5月13日，中英合组“一三六”部队首批队员由印度潜入马来亚抗日。

6月7日，纽约医药援华会在纽约设立华人血库，援助中国抗战，当即有十余名华侨参加献血。

8月中旬，国民政府军委会因功授给法国归侨陈银麟陆海空乙种二等奖章一枚。

9月5日，全美华侨抗日救国筹饷机关代表大会在纽约召开。全美36个大城市的67名代表与会，会议制订了旅美华侨捐款细则17项，讨论了改善侨汇、请政府保护华侨权益、组织救国机关等问题.

10月3日，缅甸归侨在广东梅县成立缅甸华侨战地服务团，跟随中国滇缅远征军随军服务。

1944年

1月21日，北婆罗洲亚庇华侨游击队领导人郭益南及队员176人英勇就义。

3月5日，美国华侨军人刘国梁在澳洲附近与日军空战殉难。

5月7日，东江纵队独立中队政委泰国归侨钟若潮在东莞梅塘马山保卫战中牺牲。

6月29日，潜入马来亚的一三六部队领导人华侨林谋盛少将被日军逮捕英勇就义。

11月12日，归国侨领侯西反由成都赴昆明，途中飞机失事遇难。

11月24日，美国医药、科技界华侨创建中美药厂，支援祖国抗战。

冬，东江纵队副大队长、泰国归侨郑戈，率部夜袭广州东郊外围据点新塘火车站，俘日军阿南中佐及伪军30多人。

1945年

2月22日，美国俄勒冈州华侨及当地友人为祖国捐赠高级训练机3架，命名为“民族”“民权”“民生”号，有9000多人参加献机典礼。

3月11日，全美洲洪门会召开代表恳亲大会，改全美洪门致公堂为“中国洪门致公党”，发出通告和党章，组建驻美各国支部。

4月，联合国世界安全会议在旧金山召开，中国派代表与会，受到华侨的热烈欢迎和接待。

6月9日，史迪威等30多名美国军官赴菲律宾前线，检阅“菲律宾华侨抗日锄奸义勇队”全体官兵，对其抗日事迹给予较高评价。

7月4日，菲律宾光复。美菲当局下令解散华侨抗日游击支队，被拒绝，他们一面加紧练兵，一面请缨归国杀敌。

8月15日，日本宣布无条件投降，美国、秘鲁、泰国等地华侨纷纷举行庆祝祖国抗战胜利的游行、集会。

9月，菲律宾、美国等地华侨致电蒋介石、毛泽东，请求建立民主联合政府，制止内战。